O livro do amor

Este livro foi impresso em papel Pólen, especialmente desenvolvido para o mercado editorial. Sua tonalidade, ao absorver melhor os raios de luz, permite uma leitura mais agradável.

E. MICHAEL LILLIBRIDGE

O livro do amor

Como construir um relacionamento saudável

Tradução de Lucy M. R. Petroucic

© 1984 Humanics Limited
Atlanta, Georgia, EUA

Publicado originalmente sob o título.
The Love Book for Couples

Direitos reservados para o Brasil à
Livraria Nobel S.A.

DEPARTAMENTO EDITORIAL
Rua Maria Antônia, 108 — 01222-010 — São Paulo, SP
Fone: (011) 257-2144/Fax: (011) 257-2744

ADMINISTRAÇÃO/VENDAS
Rua da Balsa, 559 — 02910-000 — São Paulo, SP
Fone: (011) 876-2822
Telex: 1181092 LNOB BR — Fax: (011) 876-6988

Preparação: Adriana Wrege Parra
Revisão: Luiz Roberto Malta e Helen Diniz
Capa: Claudia Scatamacchia
Diagramação: Studio Compupress
Impressão: Gráfica e Editora FCA

Dados Internacionais de Catalogação na Publicação (CIP)
(Câmara Brasileira do Livro, SP, Brasil)

Lillibridge, E. Michael
O livro do amor / E. Michael Lillibridge ; tradução Lucy M. R. Petroucic.
— São Paulo : Nobel, 1995.

ISBN 0-89334-308-0

1. Amor 2. Casais — Aspectos psicológicos 3. Relacionamento interpessoal I. Título.

94-1490   CDD-158.2

Índices para catálogo sistemático:

1. Amor : Relações interpessoais : Psicologia aplicada 158.2
2. Relacionamentos afetivos : Psicologia aplicada 158.2

É PROIBIDA A REPRODUÇÃO

Nenhuma parte desta obra poderá ser reproduzida, copiada, transcrita ou mesmo transmitida por meios eletrônicos ou gravações, sem a permissão, por escrito, do editor. Os infratores serão punidos pela Lei nº 5.988, de 14 de dezembro de 1973, artigos 122-130.

Impresso no Brasil/Printed in Brazil
1 3 5 7 9 8 6 4 2
95 97 99 98 96

Um agradecimento especial a meu pai, Dr. G. D. Lillibridge, que organizou e revisou todo o texto original antes de sua publicação, prestando também inestimável ajuda no preparo de sua versão final. Meus mais profundos agradecimentos.

E. Michael Lillibridge

O dr. E. Michael Lillibridge é psicólogo especialista em terapia familiar e de casais. É membro da equipe do Counseling Center for Human Development da Universidade da Flórida. O dr. Lillibridge escreveu este texto a partir de uma longa experiência de consultório atendendo casais.

Sumário

INTRODUÇÃO 9

1ª PARTE
Como construir uma relação amorosa saudável
Capítulo 1   O sentimento de amor 17
Capítulo 2   Habilidades interpessoais necessárias:
              dar e ser assertivo 29
Capítulo 3   Como atingir a compatibilidade sexual 41
Capítulo 4   Conflitos de casais 59
Capítulo 5   Como desenvolver a intimidade emocional ... 77
Capítulo 6   Como desenvolver momentos
              positivos a dois 91

2ª PARTE
Relações amorosas neuróticas
Capítulo 7   O relacionamento contraproducente 103
Capítulo 8   Como abordar a relação contraproducente .. 127

3ª PARTE
Como enriquecer a relação amorosa a partir do amor-próprio
Capítulo 9   Quatro necessidades psicológicas básicas 143
Capítulo 10   Fortalecendo o amor-próprio 159

CONCLUSÃO 173

Introdução

Em sua primeira sessão de terapia, Bob revelou que não estava mais apaixonado por sua esposa. Quando Bob e Sue entraram em meu escritório pareciam muito tristes. Ele estava arredio, mal-humorado e distante. Ela, à beira das lágrimas, parecia muito amedrontada. Em uma hora de conversa, soube que tinham cerca de trinta anos, eram casados há oito, com três filhos pequenos. Bob era um gerente e representante de vendas bem-sucedido. Sue era dona de casa e decoradora de interiores. Ambos davam-se bem em suas profissões. O casal estava financeiramente estável, preocupava-se sinceramente com seus lindos filhos, e parecia ter uma vida promissora à frente. Porém, perto do final da sessão, Bob contou que não queria mais permanecer casado; acreditava ter amado Sue, mas que não estava mais apaixonado por ela. "É como se ela fosse uma amiga, uma irmã, mas não minha esposa", disse. "Não me sinto mais apaixonado por ela."

Sue passara por uma gama de emoções — choque, mágoa, raiva, pânico —, desde que Bob lhe dera essa notícia há vários dias. Disse reconhecer que estavam tendo dificuldades, mas não acreditara que fossem tão sérias a ponto de Bob sair de casa. Ela o amava e não queria perdê-lo.

Ao escrever a história clínica, descobri que, no último ano Sue percebera que Bob se tornara frio e distante e não mais compartilhava seus sentimentos com ela. Afirmou que ele se afastava mais e mais da família e preferia sair com seus amigos. Bob, por outro lado, disse que sua vida sexual "já era", e que Sue, na maior parte do tempo, não era afetiva. Sua principal preocupação, constantemente crescente, aliás, era apenas que não mais amava Sue. Agora tinha dúvidas se queria continuar vivendo com alguém a quem não amava.

Durante uma hora inteira Bob permaneceu mal-humorado e distante, e Sue magoada e amedrontada. Apenas em uma ocasião esse padrão se alterou. Ao discutirem seus primeiros momentos juntos, ambos relaxaram e se soltaram. Seu namoro havia sido agradável e feliz. Apaixonaram-se logo depois de se conhecerem, desfrutando de uma vida sexual saudável e estimulante; fizeram muitas coisas interessantes juntos (golfe, tênis, esqui) e se ajudaram e se apoiaram em suas respectivas carreiras. Obviamente suas vidas foram mutuamente enriquecidas durante esse período. Agora, muitos anos depois, discutiam e brigavam na maior parte do tempo, e raramente ou quase nunca se relacionavam sexualmente; pareciam estar em um campo de batalha. Bob planejava abandonar o casamento porque não estava mais apaixonado. O que acontecera de errado?

Por que tantos casamentos freqüentemente começam com atenção, amor e contentamento, e por fim terminam gerando raiva, dor e frustração, com uma ou as duas pessoas querendo pular fora? Por que temos tanta dificuldade em construir relacionamentos amorosos bem-sucedidos?

Por serem os relacionamentos amorosos tão importantes para a nossa felicidade e sensação de bem-estar, é importante entender quais são os ingredientes de uma relação bem-sucedida e que passos devem ser dados para que o relacionamento com alguém que se ame seja compensador e feliz.

Este, portanto, é especificamente um livro sobre amor, basicamente para homens e mulheres no presente momento envolvidos numa relação desse tipo (ou seja, casados, noivos ou namorando). Aqueles que não têm uma relacionamento desses, mas são divorciados, viúvos ou solteiros, contudo, também encontrarão muitas idéias úteis que os auxiliarão agora e também trarão benefícios quando se envolverem em um relacionamento mais permanente.

Durante os últimos dez anos como psicólogo e terapeuta familiar e de casais, observei centenas de casais e indivíduos preocupados com a qualidade de seus relacionamentos. As pessoas buscam ajuda ao se questionarem por que se apaixonam por uma pessoa específica ou por que deixam de amar. Os casais freqüentemente não conseguem se comunicar entre si, mas não sabem por quê. Alguns se preocupam em melhorar o relacionamento e torná-lo mais satisfatório. Outros dizem que se amam, mas não conseguem se relacionar bem no dia-a-dia. Outros ainda indagam por que o *sentimento* de amor diminuiu com o tempo e como podem conseguir reconquistar aquele sentimento de "estar apaixonado".

O problema de todas as pessoas parece ser: "o que é amor e como posso ter um relacionamento duradouro bem-sucedido?"

Os casais freqüentemente pensam que "se apaixonar" é suficiente, que esse sentimento de amor os manterá juntos para sempre em todas as ocasiões. Na realidade, a maior parte das pessoas pouco conhece sobre a construção desse tipo de relacionamento e sobre os conhecimentos e habilidades necessários para manter um relacionamento satisfatório.

A finalidade deste livro é fornecer aos casais as habilidades de que necessitam para melhorar seus relacionamentos amorosos. Se os casais querem manter a paixão e a felicidade, precisam entender três importantes áreas de relacionamento a dois.

1ª Parte / Como construir uma relação amorosa saudável

A primeira área explorada neste livro examina seis aspectos do relacionamento de casais, que devem ser entendidos e experimentados, se o que se deseja alcançar é uma relação feliz. Primeiro, examinaremos o *sentimento de amor*, que é tão importante numa relação. Exploraremos por que um indivíduo se apaixona por uma pessoa e não por outra, o que é amor romântico comparado com amor maduro, e como esses sentimentos de amor que ocorrem no início do desenvolvimento de uma relação podem ser mantidos e revitalizados. Em seguida, abordaremos duas importantes *habilidades interpessoais*, a de se dar e a de se afirmar, fundamentais para que o indivíduo possa satisfazer suas próprias necessidades e as do parceiro. Em seguida, abordaremos um fator crítico para todos os casais: atingir a *compatibilidade sexual*. Veremos de que forma homens e mulheres são diferentes nas condições que os fazem sexuais. Compreender essa diferença e dar passos específicos para admiti-la é a chave para alcançar a harmonia sexual. Então estudaremos *conflitos interpessoais*, realçando como os parceiros podem aprender a brigar justa e honestamente um com o outro. Todos os casais discutem e têm discordâncias. O segredo, no entanto, consiste em resolver tais disputas de modo que os dois saiam ganhando. Depois disso, veremos o conceito de *intimidade emocional*, que focaliza a maneira de desenvolver sentimentos amorosos, profundos e carinhosos pelo parceiro. Discutiremos habilidades específicas que ajudam os parceiros a se aproximarem mutuamente: aprender a ouvir, revelar-se de maneira genuína e compreender a importância de se dar. Finalmente, examinaremos a necessidade comum a todos os casais de passar um *tempo positivo, agradável* juntos e de encontrar prazer e bons momentos em companhia um do outro. Como conseqüência desses bons momentos, seus relacionamentos enriquecem e a vida passa a ser mais apreciada.

Esses seis aspectos de relacionamento de casais são bastante interdependentes: quanto maior o êxito em um aspecto, maior a possibilidade de êxito em outro. Por exemplo, quando os casais resolvem seus conflitos democraticamente, sem mágoa, raiva e sentimentos amargos remanescentes, provavelmente suas vidas sexuais e sentimentos de amor serão positivos. Se, ao contrário, não conseguem resolver suas diferenças e estão cronicamente irritados um com o outro, em geral não se sentem sexualmente atraídos um pelo outro, nem têm sentimentos de amor. Portanto, os casais precisam ser bem-sucedidos nos seis aspectos do relacionamento para poderem assegurar um relacionamento mais harmônico a dois.

2ª Parte / Relações amorosas neuróticas

Na segunda parte deste livro notaremos que o insucesso na consecução de qualquer um dos seis elementos de uma relação saudável conduz, freqüentemente, ao desenvolvimento de relações autodestrutivas. Essa dinâmica básica de relações amorosas autodestrutivas nasce em meio a um desequilíbrio de poder entre os parceiros e a uma tendência a representar papéis de forma rígida, inflexível. Estudaremos três tipos comuns de relações autodestrutivas: a do parceiro irritado *versus* o apaziguador; a do superprotetor versus o indefeso e a do reclamador *versus* o irresponsável. Depois examinaremos passos específicos a serem dados a fim de transformar cada tipo de relação em um tipo mais feliz e produtivo.

3ª Parte / Como enriquecer a relação amorosa a partir do amor-próprio

A última área de exploração está centrada nas ações básicas que podemos praticar sozinhos para garantir a possibilidade de um relacionamento bem-sucedido. Enquanto as duas primeiras áreas discutem as coisas que os dois podem fazer juntos, esta última diz respeito ao comportamento de cada parceiro para consigo mesmo. Em termos gerais, o máximo que você pode fazer inicialmente para garantir uma relação de amor bem-sucedida é aprender a amar e aceitar a si próprio como um ser humano. Isso você pode realizar de duas maneiras: satisfazendo suas necessidades psicológicas básicas e aumentando seu amor-próprio. As necessidades psicológicas básicas dizem respeito a se relacionar eficazmente com outras pessoas, ser você mesmo, ser capaz de realizar algo com êxito, e conseguir diversão e prazer na vida. Depois de examinar como suprir essas necessidades psicológicas, abordaremos especificamente a maneira de incrementar sentimentos de autovalorização. Quando as pessoas começam a aceitar e amar a si próprias verdadeiramente, torna-se mais fácil desenvolver e manter um relacionamento de amor saudável com um membro do sexo oposto.

Este livro foi escrito de uma forma simples, realista. Seu objetivo não é apenas lhe dar elementos de comparação para você se avaliar em sua relação amorosa, mas também sugerir idéias claras e ações específicas para tornar sua vida mais viável e excitante.

E. MICHAEL LILLIBRIDGE

O livro do amor

Como construir um relacionamento saudável

Tradução de Lucy M. R. Petroucic

1

O sentimento de amor

Você conhece uma pessoa em uma festa e após conversarem alguns minutos acha que está realmente atraído por ela. Geralmente, não se trata apenas de uma atração sexual, embora para a maioria das pessoas esse elemento se encontre decididamente presente. Ao contrário, você sente que essa poderia ser a pessoa certa para você, seu par perfeito. Como resultado, você se entusiasma e é estimulado a estar com ele ou ela. Quer se esmerar. Quer causar uma boa impressão. Os sentimentos que percebe são o início daquilo que denominamos amor romântico. Embora devesse ficar claro que nem todos os relacionamentos começam desse modo, muitas pessoas provavelmente tiveram essa experiência real e excitante uma vez ou outra. Começaremos nossa exploração sobre como os casais podem tornar-se mais amorosos partindo da compreensão do fenômeno do amor romântico.

O paraíso do amor romântico

Neste capítulo lidaremos com o sentimento de amor romântico: aquele enlevamento excitante que você sentiu no início do envolvimento com alguém atraente. Todo mundo provavelmente teve essa experiência de "se apaixonar" em algum momento da vida. É um sentimento maravilhoso — um paraíso, realmente. Na presença do ser amado, você se sente totalmente esquecido do resto. Trabalho, escola e responsabilidades pouco significam para você. Também é fácil ignorar compromissos e obrigações. Quando você não está com a outra pessoa, está constantemente pensando e sonhando acordado com ela. Quando estão juntos, qualquer coisa que façam é agradável e excitante — mesmo se for apenas sentar e fitar de modo sonhador os olhos do outro. O amor romântico é prazenteiro e traz alegria de viver. A partir da fase de adolescência pode surgir a qualquer momento. Pessoas de oitenta anos de idade podem apaixonar-se e fazer todas as coisas "piegas" que os adolescentes são acusados de fazer quando se apaixonam. Hollywood e os meios de comunicação freqüentemente "exaltam" o amor romântico. Todos nós vimos os filmes em que o rapaz encontra a moça, os dois se beijam apaixonadamente e caminham para o horizonte para serem felizes para sempre, em um fulgor de amor romântico. Mas será que o amor romântico pode realmente durar para sempre?

Três estágios do amor

Seria maravilhoso se o amor romântico durasse para sempre. Se assim fosse, provavelmente muito pouco trabalho seria realizado neste mundo, mas a vida seria incrível. Infelizmente, o amor romântico não dura para sempre. Os relacionamentos podem começar de várias formas: entre amigos, conhecidos, até inimigos, e também "apaixonando-se". Mas, uma vez apaixonados, os casais tendem a seguir uma seqüência de etapas bastante previsíveis. Na verdade, em geral há três etapas discerníveis no sentir-se apaixonado por alguém. A primeira é a do amor romântico, o tipo de amor tresloucado que nos faz sentir muito bem. Esse estágio geralmente dura de três a seis meses, antes que comece a se desgastar. Daí para diante, o modelo de perfeição por quem você nutrira uma paixão imensa começa a se modificar.

Isso leva ao segundo estágio, o do desapontamento / desilusão. Nesse estágio, durante vários meses, você começa a notar todos os defeitos e fraquezas dessa "pessoa perfeita" que de algum modo escaparam à sua atenção anteriormente. Aquele leve traço de personalidade, antes meigo e simpático, torna-se agora esquisito e aborrecedor. Quando se entra nesse estágio, confusão e surpresa surgem, em função das "revelações" recém-descobertas sobre a pessoa amada. Surpresa e confusão usualmente cedem lugar à raiva e ao ressentimento, pois a pessoa amada não mais está correspondendo às suas expectativas. Então você geralmente tenta mais uma vez modificar a pessoa amada conforme as expectativas de suas fantasias; essa tentativa conduz a muitos conflitos e discussões. Freqüentemente, e pela primeira vez no relacionamento, os parceiros encontram-se manifestamente irritados, brigando e discutindo entre si. Ao perceberem que a pessoa amada não pode ou não irá mudar, que não pode ser a pessoa perfeita, a raiva se transforma em desapontamento e, às vezes, desilusão. Esse é um ponto baixo nas relações amorosas, com muitas delas finalizando nesse ponto, porque o casal não consegue conviver com essas diferenças. Muitos relacionamentos, senão a maioria, sobrevivem a esse momento difícil, contudo, e os indivíduos começam a aceitar seus parceiros de forma mais realista.

Essa mudança conduz ao terceiro estágio: o do amor maduro. Nele, você aceita a pessoa por inteiro — forças e qualidades, defeitos e fraquezas. O amor maduro cresce e se torna mais forte com o tempo, à medida que você passa a conhecer o parceiro de um modo mais intenso e significativo. Aquele paraíso eterno do amor romântico terminou, mas foi substituído por um carinho e preocupação mais sinceros pela pessoa inteira. O amor romântico é, sob vários aspectos, um tipo de amor narcisista — sua preocupação real é com você mesmo. Pode ser que você dê presentes, tempo e atenção e preste favores ao parceiro, mas o que realmente se quer no amor romântico é que essa pessoa satisfaça suas expectativas não realistas de parceiro perfeito. Muito bom para você! Mas no amor maduro você aprende a dar e a cuidar, e o bem-estar de uma outra pessoa torna-se significativo para você. Agora você aprecia seu parceiro como uma pessoa, e não somente como um objeto de amor que satisfaz suas necessidades. Se, por um lado, o amor romântico e o desapontamento/desilusão são relativamente breves no tempo, o amor maduro pode durar a vida toda, se você o nutrir e se esforçar para mantê-lo. Nos capítulos subseqüentes veremos como isso ocorre. Esses são, portanto, os três estágios de amor bastante comuns e previsíveis.

Por que nos apaixonamos por uma pessoa e não por outra?

Ter a consciência de que estar apaixonado (amor romântico) é diferente de estar amando (amor maduro) pode ajudar você a entender melhor seus sentimentos por alguém. Mas por que as pessoas se apaixonam por uma pessoa específica? É apenas destino, ou será que as pessoas escolhem mesmo aqueles por quem se apaixonam? Se conversarmos com as pessoas que estão vivendo o amor romântico, elas freqüentemente dirão que o destino as colocou juntas. Mas se discutirmos a escolha da pessoa amada com aqueles que se encontram na etapa do amor maduro, estes geralmente apontarão razões mais concretas pelas quais preferiram seus atuais parceiros a quaisquer outros.

Não é por acaso que nos apaixonamos por uma pessoa específica. Todos temos uma definição sobre o que seja o parceiro ideal. Todos temos um grupo de critérios referentes ao que seja desejável num companheiro ou pessoa amada. Essa lista de critérios é composta de qualidades conscientemente conhecidas, mas também de aspectos inconscientes. Por exemplo, um homem diz a si próprio que quer uma mulher atraente, extrovertida, que goste de ficar em casa, que queira ter filhos e que seja muito afetuosa. Se encontrar uma mulher que preenche esses requisitos, possivelmente se sentirá atraído por ela e, se ela corresponder, poderá apaixonar-se por ela. Da mesma forma, uma mulher poderia desejar um homem com uma boa profissão, rico, atraente e atlético. Se encontrar um homem que corresponda a um número significativo desses itens de sua lista, também, provavelmente, se apaixonará. Quando duas pessoas se juntam, cada uma correspondendo aos critérios da outra, tem início a relação amorosa. Você se apaixona, então, por alguém, porque essa pessoa satisfaz suas necessidades ou porque você antecipa que ela irá fazê-lo.

As pessoas tendem a escolher parceiros que não só atendam às suas necessidades, mas que também sejam um reflexo do que elas pensam de si próprias. Poucas pessoas têm consciência desse aspecto da seleção de parceiros. Se, por exemplo, você tem um autoconceito saudável e se sente bem consigo, tenderá a escolher alguém que também se sinta bem com você e o respeite como pessoa. Se, ao contrário, você não tem um autoconceito positivo, mas sentimentos negativos ou de culpa a seu próprio respeito (consciente ou inconscientemente), em geral escolherá alguém cuja atitude para com você reflita sua atitude para consigo próprio. Portanto, se a pessoa amada é verbalmente agressiva com você, deixa-o deprimido e o trata mal freqüentemente, isso pode refletir o fato de que você não se sente bem consigo próprio. Em resumo, você pode acreditar ser merecedor do comportamento negativo que seu parceiro lhe inflige. Em certa medida, aqui se aplica o antigo provérbio: "Se alguém se sente um perdedor, será tratado como perdedor". Entretanto, o oposto também é verdadeiro: se você geralmente se sente como um vencedor, as pessoas o tratarão com o respeito que você se dá. Sua imagem positiva ou negativa se perpetua pelo tempo, porque os outros tendem a tratar alguém da mesma forma com que esse alguém se trata. Conseqüentemente, as pessoas podem, às vezes, vir a escolher uma pessoa com traços opostos àqueles que julgam ter. Mas os traços que escolhem são coerentes com seu autoconceito subjacente.

Desse modo, geralmente a escolha de parceiras não é acidental, mas uma reflexão pessoal de valores e ideais, conscientes e inconscientes, desejados no parceiro.

Por que nos desapaixonamos?

Se você se apaixona porque alguém satisfaz suas necessidades ("a lista de critérios"), você pode se desinteressar quando isso deixar de acontecer. Se se apaixona porque alguém é rico e atraente, então quando o dinheiro e a boa aparência desaparecem, você pode se desiludir. As pessoas se desiludem ou porque os outros mudam ou porque elas próprias mudam. Se você muda, muda a lista de critérios importantes para você. Por exemplo, imagine ter se casado porque o parceiro era atraente, atlético, despreocupado e sensual. Com o tempo, entretanto, imagine ter descoberto que comunicação, intimidade emocional e comprometimento são mais importantes do que uma atitude sensual e despreocupada. Nesse caso você poderia ter uma desilusão, muito embora seu parceiro não tivesse mudado. Seu parceiro ainda é despreocupado, atraente e sensual, mas carece de qualidades que você agora valoriza mais.

Você também poderia se desinteressar porque seu parceiro mudou. Por exemplo, um homem casou com sua esposa em parte porque ela ficaria em casa e teria filhos, seria um tanto dependente dele (financeira e emocionalmente) e permitiria que ele tomasse as principais decisões do casal. Com os filhos crescidos e independentes, entretanto, a esposa pode desejar um emprego fora, mais independência e maior participação nas responsabilidades das decisões. No modo de ver dele, essa nova atitude é uma alteração no contrato de relacionamento. Ela mudou, e ele deve mudar seus valores ou achará que não está mais apaixonado. Passar por esse período de transição muitas vezes é um momento difícil para os casais.

Devemos confiar nos sentimentos de amor?

A confiança nos sentimentos amorosos é um tema importante para ser abordado de modo sucinto. Quando as pessoas estão apaixonadas, freqüentemente deixam seus sentimentos pelos parceiros ditarem seu comportamento, em vez de se basearem em julgamentos racionais. As pessoas que se encontram no estágio do amor maduro estão menos inclinadas a agir assim, pois não se apóiam apenas no que sentem, mas também no que pensam. Conseqüentemente, seu julgamento é, em geral, bastante razoável. O amor romântico, contudo, é uma outra história. Quando estão no apogeu do amor romântico, as pessoas quase sempre permitem que os sentimentos de amor governem seu comportamento. Como resultado, o bom-senso delas é notoriamente fraco. Alguns psicólogos referem-se ao amor romântico como sendo um amor neurótico, pois as pessoas exercem pouco julgamento e raciocínio durante essa fase. Como regra geral, nunca se deve tomar uma decisão importante nesse estado. Por exemplo, você não deveria se casar, divorciar, deixar o parceiro por outra pessoa com quem esteja tendo um caso, ou realizar mudanças financeiras — como por exemplo, dar à pessoa amada muito dinheiro. Em resumo, não se deve fazer mudanças importantes na vida enquanto se estiver no estado do amor romântico. Em geral essas decisões geram arrependimentos posteriores.

Certa vez tive um cliente, casado há trinta anos e com dois filhos. Teve um caso passageiro, que ele pensava ser amor verdadeiro. Queria deixar a esposa, a quem amava sinceramente, por uma mulher divorciada que tinha a metade de sua idade e três filhos. Além disso, tinha grandes dívidas. Ele insistia em que seria feliz com toda a família dela e todos os seus problemas. Nada o afastava dessa convicção. Apenas pedi-lhe que esperasse alguns meses antes de se decidir por deixar a esposa. Ele esperou. Mais tarde, contou-me que não podia acreditar quase ter cometido "o maior erro de sua vida". As pessoas podem fazer coisas tolas no auge do amor romântico. Por outro lado, quando você está na fase do amor maduro, seus sentimentos podem ser um guia para a compreensão de si mesmo e da pessoa amada. Os sentimentos de amor maduro geralmente constituem indicadores precisos e confiáveis daquilo que está acontecendo dentro de você. Desse modo, seus sentimentos ajudam-no a se aproximar de seu parceiro e na tomada de decisões racionais e sensatas.

A diferença entre amor romântico e amor maduro

Examinamos o amor romântico e o amor maduro. Vimos que quando as pessoas se encontram na etapa do amor romântico pode ser perigoso confiar nos próprios sentimentos para tomar decisões. Mas, na fase do amor maduro, confiar nos sentimentos não traz qualquer problema. O amor romântico e o amor maduro também são diferentes em outros aspectos. Compará-los e contrastá-los pode facilitar sua compreensão.

Uma área inicial e óbvia de diferença diz respeito à natureza dos sentimentos. Um ingrediente fundamental, se não o mais básico, do amor romântico é um sentimento positivo e poderoso em relação a outra pessoa. Portanto, é um "paraíso" eufórico. Esse tipo de "paraíso" não caracteriza o amor maduro, que é marcado por uma variação mais ampla de sentimentos, positivos e negativos. Os sentimentos positivos do tipo "paradisíaco" do amor romântico são menos freqüentes nesse caso, sendo substituídos por sentimentos de solicitude, atenção e apreciação. Os casais na etapa do amor maduro também experimentam sentimentos negativos, tais como raiva, ressentimento ou desapontamento. Essa amplitude maior de sentimentos leva a um tipo mais complexo de relacionamento e, a longo prazo, a um relacionamento mais profundo e significativo. A atração entre os parceiros no amor romântico é quase exclusivamente sexual e romântica, enquanto que no amor maduro essa imensa atração é diminuída, e, em seu lugar, passa a existir uma apreciação pelo cônjuge como amigo e como pessoa, além de sentimentos sexuais e românticos.

O tempo também é algo que distingue os dois tipos de amor. O amor romântico é limitado pelo tempo. Após um período de três a seis meses, os intensos sentimentos de atração mútua começam a enfraquecer, precedendo um estágio de desapontamento e desilusão. O amor maduro, ao contrário, não tem limite de tempo. Pode durar enquanto os envolvidos estiverem crescendo como pessoas e enquanto o relacionamento estiver se desenvolvendo e se enriquecendo.

Uma terceira característica que distingue o amor romântico do amor maduro é a de como as pessoas percebem aqueles que amam. No amor romântico, percebem seus parceiros de maneira irrealista, geralmente idealizada. Uma pessoa nessa fase vê apenas o que o outro tem de melhor. A percepção torna-se distorcida e a maior parte das pessoas apenas vê o que quer, em geral a pessoa perfeita de seus sonhos. No amor maduro, os parceiros são vistos mais realisticamente e percebidos como realmente são, com suas falhas e deficiências e também com seus pontos fortes e qualidades. O amor maduro nos permite ver uma pessoa tridimensional, ao passo que a vemos sob apenas uma dimensão com a visão do amor romântico.

A quarta característica que diferencia o amor romântico do amor maduro refere-se à quantidade de tempo, trabalho e comprometimento necessária para o êxito de um relacionamento. As questões principais com que os casais têm que lidar são: alcançar a compatibilidade sexual, resolver diferenças, e conquistar a intimidade um com o outro. No amor romântico, não existe virtualmente qualquer trabalho envolvido no tocante a esses assuntos. Tudo chega facilmente ou de graça. O sexo é um deleite, novo e excitante. Os casais possuem uma intimidade de amigos, ainda que não tenham nada em comum e raramente conversem. No amor romântico, há poucas brigas e altercações, e os parceiros fazem as pazes depressa, embora superficialmente. Durante esse período não emerge nenhuma diferença real entre os dois que exija do casal uma atenção aos conflitos e maiores discordâncias. Nenhum precisa se esforçar para conquistar a intimidade. A paixão substitui a intimidade, e os parceiros acreditam estar mais próximos e íntimos do que realmente estão. Em resumo, o amor romântico não exige qualquer trabalho maior, o que pode explicar o fato de ser tão agradável e prazeroso.

Por outro lado, o amor maduro requer um grande esforço, tempo e comprometimento. As questões da compatibilidade, amizade e resolução de problemas requerem paciência, perseverança e muito comprometimento entre pessoas para serem solucionadas com êxito. O amor maduro não é gratuito ou particularmente fácil; na verdade requer muito trabalho. Por exemplo, no amor romântico a compatibilidade sexual é recente, mas o nível de atração física é bastante alto. Como resultado, não é necessário muito esforço para manter um relacionamento sexual bem-sucedido. No amor maduro, o desenvolvimento da compatibilidade sexual exige muitas conversas, conhecer o outro, e compartilhar numa base mais vulnerável e íntima. Além disso, outras áreas do relacionamento devem estar correndo de maneira serena para que o relacionamento sexual seja prazeroso. Os casais não podem ter conflitos não resolvidos e diferenças e ainda assim relacionarem-se sexualmente muitíssimo bem. No amor maduro os casais podem desfrutar de uma vida sexual maravilhosa, mas isso requer comprometimento pessoal, e o investimento recíproco de tempo e energia. As gratificações advindas do amor maduro, então, são enormes, mas não sem um preço. Nos capítulos a seguir analisaremos em que consiste esse trabalho.

Será que o sentimento de amor resiste ao tempo?

Se os sentimentos agradáveis do amor romântico duram apenas de três a seis meses, dissipando-se depois para sempre, a noção de amor maduro, em alguns aspectos, pode parecer bastante aborrecida. Será que os sentimentos e a atração experimentados de modo tão intenso no amor romântico persistem, com qualidade, com o passar do tempo? Minha resposta é um *sim convicto*, desde que se cumpram alguns critérios. Nos próximos cinco capítulos deste livro abordaremos as seguintes áreas: habilidades de comunicação interpessoal eficaz, evolução da compatibilidade sexual, descoberta de meios de resolver conflitos com êxito, a conquista da intimidade emocional e o aprendizado da diversão e do lazer a dois. Acredito que se os parceiros conseguirem lidar com cada uma dessas áreas para sua satisfação recíproca, conseguirão fazer rejuvenescer os sentimentos do amor romântico em grande parte, e sustentar uma atração positiva entre si. Se, ao contrário, ocorrerem colapsos em qualquer uma delas, será difícil manter o sentimento de amor, e a relação pode se tornar esgotada e tender para problemas. Este livro abordará os revezes dessas relações autodestrutivas e como lidar com eles. E, embora não tão intensos ou freqüentes como durante a etapa do amor romântico, afirmo que sentimentos românticos podem perdurar pelo curso de uma vida, se os casais se dispuserem a trabalhar bastante para atingir certas metas e objetivos. O restante do livro lhe dirá como.

2

Habilidades interpessoais necessárias: dar e ser assertivo

Até este ponto, examinamos o amor romântico, por que as pessoas se apaixonam por uma pessoa específica, e o conceito de amor maduro. Agora examinaremos os passos necessários para que uma relação amorosa dê certo. Neste capítulo veremos duas importantes habilidades interpessoais que, se usadas eficazmente, fornecem um equilíbrio justo ao relacionamento, de modo que as pessoas satisfaçam suas necessidades e as da pessoa amada. Essas duas habilidades são a habilidade de se *dar* ao companheiro e a habilidade de ser assertivo e apoiar a si próprio no contexto do casal.

Dar significa satisfazer as necessidades de seu parceiro fazendo algo agradável e importante para demonstrar seu amor. Seu presente pode ser tangível — flores, sair à noite, um jantar especial — ou menos tangível, como dedicar seu tempo e atenção, ou ter vontade de discutir um problema.

Ser *assertivo* significa ser capaz de defender sozinho seus direitos e necessidades. Asserção, neste contexto, refere-se a ser capaz de se confrontar com a pessoa amada, não permitir que ela leve vantagem sobre você, e garantir que irá satisfazer suas vontades e necessidades. Por exemplo, você pode demonstrar preferência por um filme que seu parceiro pode não apreciar. Ou pode deixar clara sua irritação se o parceiro chegar consideravelmente tarde para o jantar.

Essas duas habilidades precisam ser adquiridas antes que uma relação bem-sucedida possa se estabelecer entre um homem e uma mulher. Problemas inevitavelmente surgem quando faltam estas habilidades.

Ambos os parceiros precisam ser capazes de *dar* e de serem *assertivos*. Se isso não existir em um relacionamento haverá dificuldades.

Dar e escutar

Dar significa ser capaz de atender às necessidades da pessoa amada. Mas é difícil dar quando não se sabe quais são elas. Se você aprender a escutar e realmente entender, poderá saber o que seu parceiro considera importante ou o que quer e deseja num certo momento. Dar parece simples e seria relativamente fácil (a não ser que ambos estivessem completamente falidos), se todas as necessidades fossem de natureza material (como flores, um livro, jantar fora). Contudo, a maior parte delas consiste em coisas intangíveis, como um pouco de seu tempo, um abraço quando se sente solitário, cinco minutos para discutir um problema, um sorriso e um beijo na hora certa. Esses presentes são de natureza emocional. Por serem menos concretos, são muitas vezes ignorados, em especial quando os indivíduos estão presos no corre-corre da vida diária. Você só pode entender os outros escutando o que dizem e observando sua linguagem corporal e suas ações no dia-a-dia.

Tornar-se uma pessoa que se dá de maneira eficaz significa aprender a escutar. Isso é uma habilidade e uma arte. *Escutar simplesmente significa tentar ver o mundo a partir dos olhos de outra pessoa*. Ser um bom ouvinte implica não falar, não interpor suas idéias, não compartilhar demais coisas suas nesse momento. Ao contrário, você devota total atenção ao parceiro. Você se indaga: "Como me sentiria se estivesse no lugar de Susan?" ou "Como acho que John se sente e percebe as coisas neste momento?" Quando você realmente escuta, tem a oportunidade de conhecer a pessoa amada. Um capítulo posterior mostrará que o escutar pode ser muito terapêutico e que auxilia no processo de resolver problemas pessoais, por isso mesmo aproximando parceiros entre si. Mas o que importa agora é que aprender a ser um bom ouvinte reforçará sua habilidade de dar. Saber ouvir, portanto, cria o ambiente para se dar bem.

Pelo fato de muitas pessoas julgarem difícil dizer a seus parceiros do que precisam, saber escutar é importante. Seria mais fácil se elas fossem sempre assertivas e capazes de dizer, por exemplo: "Preciso de ajuda com as crianças. Por favor, fique em casa e não vá jogar boliche à noite". Mas, muito freqüentemente, as pessoas não fazem ou não declaram o que querem; apenas esperam que seus parceiros adivinhem e magicamente correspondam às expectativas. Como veremos logo adiante, a responsabilidade de ser assertivo tem de ser sua, ou raramente você conseguirá o que quer. E ser um bom ouvinte também facilita, pois, assim, poderá captar as dicas e indiretas de seu parceiro e entender o que ele quer.

O segredo de entender esse conceito é perceber que dar significa fazer alguma coisa especial para o parceiro sabendo que é algo desejado ou necessário num certo momento. É realmente um presente. Por exemplo, um marido escuta reclamações da esposa em relação a seu excesso de trabalho e reduzido tempo junto com a família. Ao escutar, perceberá que a esposa necessita de mais proximidade e intimidade do que ele está dando naquele período. Ele também sabe que sua carreira é importante e aprecia imensamente seu trabalho. Está consciente, contudo, de que as preocupações de sua esposa são legítimas e importantes. Decide passar mais tempo em casa, com a esposa e a família. Para consegui-lo, terá reajustar sua agenda, mas ele acredita que dar mais atenção à esposa vale esse esforço. Eles decidem sair algumas noites, sem os filhos, para jantar e conversar, o que não faziam há um bocado de tempo.

Esse exemplo ilustra como ouvir e dar caminham lado a lado. É difícil dar algo a seu parceiro sem antes ter escutado e descoberto o que ele realmente quer. Dar aproxima as pessoas.

Um exercício útil a esse respeito é passar um tempo escutando seu parceiro. Descubra realmente o que ele quer e do que ele precisa; depois pratique o dar. Dar é um hábito; quanto mais você pratica, mais fácil e natural se torna. Além disso, quanto mais você dá, mais sensível você se torna ao que seu parceiro quer de você.

Assertividade

Assertividade significa defender a si próprio e a seus direitos e necessidades no relacionamento. Quando uma pessoa se dá, quer fazer algo pelo parceiro. Quando é assertiva, é por ela mesma que quer fazer algo. Há dois componentes principais na assertividade. Um diz respeito a defender seus direitos. Isso poderia significar expressar preferência por um filme, por um lugar para as férias, ou pelo tipo de disciplina gostaria de dar para seus filhos. Você está afirmando suas preferências, escolhas e valores com a esperança de convencer seu parceiro a aceitá-los.

A outra área de asserção está relacionada com lidar com comportamento inaceitável. Em toda relação humana, inevitavelmente, existem momentos em que um tipo de comportamento é aborrecedor e irritante ao parceiro. Se o comportamento de seu parceiro é inaceitável, acaba interferindo em sua capacidade de atender às suas próprias necessidades. Por exemplo, um tipo de comportamento inaceitável pode ser a constante interrupção de seu parceiro quando você está tentando falar, nunca lhe permitindo terminar uma frase. Ou seu parceiro promete pegá-la no trabalho e aparece meia hora atrasado, enquanto você esperava, ensopada, na chuva. Ou então, seu parceiro quebra um objeto precioso que você possuía. O fato de parceiros num relacionamento fazerem coisas que frustrarão e irritarão um ao outro será sempre verdadeiro. O importante é saber escolher a reação correta a esse tipo de comportamento. Aqui, a asserção, ou confrontação, é definida como uma forma de lidar com seus sentimentos negativos (geralmente raiva) em relação ao parceiro.

Ser assertivo, então, diz respeito a duas áreas: defender a si próprio expressando suas preferências e desejos, e lidar com o comportamento inaceitável do parceiro.

Você pode optar por confrontar o parceiro e cuidar de suas necessidades pessoais de três formas: a da passividade, a da assertividade ou a da agressividade. Entre elas, a assertividade é a mais apropriada e útil para suprir suas necessidades e, ao mesmo tempo, respeitar os direitos da pessoa amada. As outras duas abordagens em geral não favorecem a satisfação de suas necessidades e, além disso, dilaceram a harmonia do relacionamento.

Se um parceiro está aborrecido com o outro e escolhe a passividade (ou seja, diz pouco ou nada sobre o que o incomoda), este não poderá conhecer seus sentimentos. A passividade se expressa de várias maneiras, tais como: ficar em silêncio, apenas insinuar o descontentamento ou ficar de cara amarrada. Nenhum desses métodos informa diretamente ao parceiro sobre os sentimentos e, freqüentemente, o parceiro fica tentando adivinhar o que significam. Suas necessidades são desconhecidas porque você não as manifestou. A conseqüência da passividade é não ter as necessidades atendidas por você não demonstrar de maneira direta e aberta os seus sentimentos. Com o tempo, o parceiro, incapaz de ler sua mente, e portanto, de satisfazer suas necessidades, tirará vantagem de você. Então você sentirá muita mágoa, o que colocará o relacionamento em perigo.

Se, por outro lado, você tem uma atitude agressiva ao invés de passiva, lutará para que suas necessidades sejam atendidas, mas de modo a atacar pessoalmente o parceiro. Reações agressivas freqüentemente consistem em acusações, exigências, críticas ou gritos.

Quando uma pessoa é agressiva, a pessoa amada geralmente reage de um destes dois modos: afastando-se e entregando os pontos (resposta passiva), ao mesmo tempo em que sente muita raiva e ressentimento; ou tornando-se agressiva e lutando de forma semelhante. Com o comportamento agressivo talvez ela consiga o que quer, mas será a custo de não atender as necessidades do parceiro. A longo prazo, ter freqüentemente uma atitude agressiva é muito prejudicial ao relacionamento.

A melhor forma de conseguir a satisfação de suas necessidades e manter um bom relacionamento é ser assertivo. Assertividade quer dizer ter uma atitude honesta e aberta em relação aos seus sentimentos e expressar seus desejos e necessidades. Você diz ao parceiro como se sente realmente. Não esconde sua raiva, reprimindo-a (como na passividade). Por outro lado, você não ataca e subestima o parceiro (como na agressividade). Antes, você lida com seus próprios sentimentos e necessidades de um modo direto e genuíno.

Essa atitude tem um objetivo duplo: satisfazer suas necessidades sem sacrificar as necessidades do parceiro. Como resultado, haverá um relacionamento melhor a longo prazo, com uma boa possibilidade de tornar o comportamento do parceiro mais aceitável. Considerados os três estilos de comportamento, é fácil concluir que ser assertivo é o método mais efetivo de modificar o comportamento das pessoas e ao mesmo tempo satisfazer as necessidades próprias, sem prejudicar o relacionamento.

O dar e a asserção

Para criar um relacionamento homem-mulher e torná-lo bem-sucedido, são necessárias duas habilidades interpessoais fundamentais: a habilidade de dar e a habilidade de perceber e satisfazer as necessidades dos outros. Sem elas, um relacionamento não consegue crescer e prosperar, pois ninguém quer sentir que não é importante para o outro emocionalmente. Além de possuir essas duas habilidades, todos precisam ser capazes de ser assertivos e de se defender — ainda que seja da pessoa amada. Você tem de ser seu próprio representante. Não pode esperar que o parceiro leia sua mente e intuitivamente perceba suas necessidades. A responsabilidade de atender às suas próprias necessidades de uma forma assertiva — e não passiva ou agressiva — é sua. O que é fundamental na área das habilidades pessoais, portanto, é que você seja capaz não só de dar, mas também de se afirmar perante seu parceiro, satisfazendo assim as necessidades de ambos.

Ter apenas uma habilidade

Nunca é demais acentuar a importância de se possuir as duas habilidades. Em minha experiência clínica com casais, aprendi que se cada pessoa não adquirir essas habilidades, o relacionamento será problemático. Muito freqüentemente, quando um casal chega para aconselhamento, cada membro do casal revela dominar apenas uma habilidade. Um casal típico seria aquele em que a esposa é excelente no dar, tendo uma grande dificuldade para se afirmar perante seu marido e ser assertiva na realização de suas necessidades. O marido nesse casamento é assertivo e se afirma pedindo, exigindo, e esperando coisas da esposa, mas é muito negligente no dar. Nesse caso, a esposa é a que dá e o marido o que toma. Essa combinação conduz a um relacionamento muito desequilibrado e, em última análise, insatisfatório para ambos. Baseado em minha experiência com casais com esse problema, penso que quanto mais a esposa concede, mais o marido toma. Apesar da liberação das mulheres, elas ainda estão culturalmente treinadas para dar e não para serem assertivas. Para os homens, o oposto é verdadeiro.

Dar, mas não ser assertivo

Veja o que acontece quando os casais têm apenas uma das duas habilidades necessárias. Tomemos como exemplo a esposa que sabe dar, mas não ser assertiva, e os problemas que o desequilíbrio nas habilidades lhe trazem. Encontra-se insatisfeita porque muitas de suas necessidades não são atendidas. Ela se dá ao esposo, mas não é correspondida nesse favor. Está confusa e perplexa. Não se sente amada porque seu marido não lhe dá o que quer, e desenvolve um ressentimento crescente contra ele. Por que ele não lhe dá o que precisa?

Uma pessoa que sabe dar e não é assertiva quase sempre acredita que "dar gera dar". Isso não é verdade. A verdade é: "dar gera tomar". Se você dá constantemente a alguém sem deixar claras suas necessidades (ou seja, você age passivamente), você e aquilo que dá não serão valorizados. Nessas circunstâncias, um parceiro assertivo freqüentemente se torna agressivo, esperando e exigindo tudo, e obviamente frustrando as necessidades do parceiro passivo. Portanto, o fato de dar, em si, não gera dar. Você precisa aprender a ser assertiva para conseguir que seu parceiro dê. Confrontei-me com mulheres que só eram boas na habilidade de dar e lhes disse: "Se você quer que seu parceiro lhe dê, não basta que você dê. Também terá que se defender e ser assertiva em relação a ele. Precisa dizer-lhe o que quer. Se você souber dar e ser assertiva ao mesmo tempo, então ele passará a lhe dar". Mas a resposta que recebo desse tipo de esposa geralmente será algo do tipo: "Se eu tiver de pedir a ele algo que eu queira, não é a mesma coisa; quero que ele me dê espontaneamente, por vontade própria". Ou "Se eu tiver de pedir, como saberei se ele quer mesmo isso? Não fará apenas porque pedi?"

Essas duas perguntas estão ligadas à intenção por trás do dar. Expõem uma mulher preocupada não apenas com o dar do parceiro, mas, e mais importante, com o fato de que seja um dar que venha do coração. De fato, homens e mulheres querem que o dar seja motivado pelo amor e por um desejo sincero de satisfazer. Você pode entender melhor o dar fazendo uma distinção entre dois tipos de dar: dar baseado em necessidade e dar baseado em desejo.

Dar pagando na mesma moeda

O dar por necessidade acontece quando seu parceiro diz algo como: "Vamos agir na mesma base. Eu me dou a você, satisfazendo suas necessidades e espero que você faça o mesmo. Minhas necessidades são estas."

Nessa situação, o dar ocorre por duas razões: uma, porque agora você conhece as necessidades dele e outra, porque é clara a implicação de que, se você não der, não irá receber. Esse é o dar do tipo pagar com a mesma moeda, e creio que vem *antes* do segundo tipo, o dar de coração.

Dar de coração

O dar de coração nasce a partir de um sentimento de altruísmo. Nele, você não se dá por obrigação, mas porque quer. Também dá porque sabe que está agradando ao parceiro. É a esse tipo de dar que a mulher se referia no exemplo anterior quando afirmava: "Quero que ele dê por vontade própria, porque realmente quer". O ponto importante a ser entendido é que o dar pagando na mesma moeda é um requisito necessário para o dar de coração. O primeiro tem de vir antes. As pessoas inicialmente dão porque seus parceiros informam suas necessidades e fazem pressão para não tê-las frustradas. Assim, você inicialmente se dá porque percebe que seu parceiro espera isso e, se não o fizer, suas próprias necessidades não serão satisfeitas. Uma vez estabelecida uma parceria vitoriosa do tipo pagar com a mesma moeda, ambos começam a cuidar um do outro. Quando você se habitua a dar, o ato de dar vem mais por amor e atenção em relação ao parceiro do que por um sentimento de obrigação. Nesse ponto você está realmente dando de coração.

Se você é uma pessoa que se dá facilmente, mas tem dificuldade em ser assertiva, não é necessário parar de se dar. Comece a agir de maneira assertiva ao comunicar suas necessidades e vontades. Sua asserção irá gerar o dar pagando na mesma moeda do parceiro. Se esse tipo de dar for vitorioso, conduzirá ao dar de coração. Mas, ao contrário, se você se der livremente sem agir de modo Assertivo, aquilo que para você começa como dar de coração tornar-se-á dar por obrigação, porque não haverá reciprocidade. E, nesse caso, você sentirá mágoa por dar. Você se ressente de dar, mas o faz por dever. Esse tipo de dar quase sempre acontece por você *não* ter agido de forma assertiva em relação às suas necessidades, e/ou por seu parceiro não ter correspondido ao seu dar. Com o tempo, dar por obrigação prejudica seriamente uma relação. O melhor antídoto para isso é agir de modo assertivo para aumentar a probabilidade de conseguir que suas próprias necessidades sejam atendidas. À medida que elas o forem, você dará mais por desejo do que por necessidade.

Ser assertivo mas não dar

E a pessoa que é assertiva mas não se dá muito? Pode tornar-se mais amorosa e se dar mais? Como notamos anteriormente, o parceiro assertivo incapaz de se dar geralmente é o homem — mas nem sempre. Antes de examinarmos o problema de aprender a se dar mais, vamos explorar algumas das razões pelas quais as pessoas não dão de si próprias.

A principal delas é devido ao fato de o parceiro não solicitar ou não saber exigir isso, se necessário. Um típico casal com esse problema é aquele no qual o homem espera que a mulher atenda a suas múltiplas necessidades e, inicialmente, ela o faz, dando-se de modo generoso e sincero. Por ela não pressioná-lo abertamente a satisfazer suas próprias necessidades, ele pouco lhe dá em retorno. Com o tempo, seu dar genuíno torna-se dar por obrigação, ou ela deixa de dar, se suas necessidades não são atendidas. Quando a mulher pára de dar mas se torna passiva, provavelmente o homem não será assertivo, mas agressivo, quando suas necessidades forem frustradas. Tal situação pode conduzir a uma briga acirrada ou a uma guerra fria, em que um se afasta do outro. Uma complicação posterior surge porque os parceiros assertivos, e por vezes agressivos, que não se dão, tendem a desrespeitar seus parceiros mais passivos, simplesmente por não serem assertivos. Com a perda de respeito, o amor diminui e também o desejo de dar, especialmente o de dar de coração.

Como então, se consegue que um parceiro que não se dê seja mais amoroso e se dê mais emocionalmente? O melhor método é você mesmo agir de modo mais assertivo, afirmando claramente o que quer e do que precisa. Além disso, precisa tornar seu dar condicional ao receber de seu parceiro. Deve declarar, essencialmente, que você quer se dar, mas que também quer suas necessidades atendidas ou então não se dará mais. Tal afirmação parece grosseira, mas é o melhor modo de conseguir que um parceiro que não se dá o faça. Sermões e argumentos lógicos não funcionam nesse caso. Essa abordagem é o dar pagando na mesma moeda, discutido anteriormente. Os parceiros incapazes de se dar, então, estarão sendo ensinados a se dar sob pressão. Seu dar ainda não será o dar de coração. Lembre-se, à medida que parceiros que não dão de si aprendem a dar pagando na mesma moeda, eles desenvolvem a habilidade de dar de coração. Precisam ser ensinados por parceiros assertivos a dar pagando na mesma moeda, e com o tempo também aprenderão a dar de coração.

Por que, então, é importante para um casal possuir as duas habilidades, as quais garantem a satisfação das necessidades de ambos? Quando cada parceiro possui as qualidades de asserção e de dar, estão preparados para formar uma relação equilibrada e igual de amor. Sem essas habilidades, os relacionamentos rapidamente se desequilibram, com uma ou geralmente as duas pessoas frustradas e infelizes.

Resumo

Neste capítulo vimos que se duas habilidades interpessoais — ser assertivo e dar — forem desenvolvidas, haverá um relacionamento equilibrado, em que os dois parceiros são tratados como iguais. Esse equilíbrio conduz ao auto-respeito e ao respeito pela pessoa amada. O auto-respeito fortalece o amor-próprio. O respeito pela pessoa amada gera sentimentos amorosos mais profundos. Essas habilidades são também habilidades de negociação, no sentido de que estabelecem o ambiente para o desenvolvimento da harmonia sexual, para a resolução de conflitos e para decidir sobre como passar um tempo agradável juntos, tópicos a serem abordados nos capítulos seguintes deste livro.

3

Como atingir a compatibilidade sexual*

O sentimento de amor por vezes atua de forma semelhante a uma cola que mantém o relacionamento seguro durante períodos difíceis e tempestuosos. O domínio das habilidades pessoais de dar e de ser assertivo assegura uma relação equilibrada e justa. Sem elas, os casais podem ser levados a uma separação.

Um relacionamento sexual satisfatório, que apresente os sentimentos de amor e as habilidades de dar e ser assertivo, traz prazer pessoal e contentamento, e ainda fortalece e enriquece um relacionamento. O ato de corresponder sexualmente — a chamada responsividade sexual — pode ser muito frágil tanto para homens como para mulheres. Neste capítulo, aprenderemos o que pode ser feito para manter e intensificar um bom relacionamento sexual.

---

* Agradeço sinceramente a Mike e a Joyce Grace, autores de *A Joyful Meeting: Sexuality and Marriage*, pelas idéias nas quais este capítulo é baseado.

Aceitação sexual e aceitação pessoal-emocional

Homens e mulheres têm duas necessidades fundamentais que devem ser satisfeitas se o que se almeja é um relacionamento sexual gratificante. São as necessidades de aceitação sexual e de aceitação pessoal-emocional. *Aceitação sexual* significa obter aceitação e valorização enquanto um ser sexual. Os indivíduos sentem-se sexualmente aceitos quando percebem que seus parceiros estão sexualmente atraídos por eles e respondem às suas propostas iniciais. Essa atração é expressa num jogo sexual indireto, com brincadeiras, provocações e flerte. Também fica exposta de maneira mais direta com beijos, carícias e relações sexuais. O elemento principal na aceitação sexual é o sentimento de ser incomparável e especial, em termos sexuais.

Uma pessoa se sente amada, entre outras razões, por ser sexualmente aceita pelo parceiro. Em conseqüência dessa aceitação sexual, você sente maior atração por ele, e também sente-se melhor como pessoa.

Se com a aceitação sexual você se sente mais valorizado como ser humano, com a *aceitação pessoal-emocional* você se sente estimado como pessoa única, pelo que é. Sente-se apreciado, cuidado, valorizado como ser humano. Percebe que seu parceiro dedica tempo e esforço para satisfazer seus desejos e necessidades, trazendo-lhe presentes, saindo para jantar, ou apenas conversando e fazendo-lhe companhia. Quando você sente aceitação pessoal, e quando sente aceitação sexual, sente-se amado. Tanto os homens quanto as mulheres têm necessidade de sentir esses dois tipos de aceitação.

A prioridade das aceitações sexual e pessoal-emocional

Um casal atinge a compatibilidade sexual num relacionamento quando tanto o homem quanto a mulher têm atendidas as necessidades de aceitação sexual e pessoal-emocional. Todos precisam das duas, mas um problema básico de casais é a diferente prioridade que estabelecem para ambas.

Vamos detalhar esse assunto. Tradicionalmente, a necessidade masculina primária é a de aceitação sexual por parte da mulher. Já a prioridade feminina é a de aceitação pessoal-emocional. Quando a necessidade primária de cada um se torna satisfeita, a outra necessidade básica torna-se importante. Isto é, o homem passa a querer aceitação pessoal-emocional e a mulher então passa a querer aceitação sexual. O diagrama abaixo ilustra esse princípio:

Figura 1

	Prioridade Típica de Necessidades Para Homens e Mulheres	
	Masculina	Feminina
Necessidade Primária	Aceitação Sexual	Aceitação Pessoal-Emocional
Necessidade Secundária	Aceitação Pessoal-Emocional	Aceitação Sexual

Trata-se de uma regra geral amplamente afirmada, com as prioridades podendo estar invertidas para alguns homens e mulheres, mas na maioria dos casos com que lidei, ela se manteve verdadeira.

Esse quadro se complica mais pelo fato de que os dois precisam ter satisfeita sua necessidade primária como pré-requisito para se sentirem amados. Ou seja, para que um homem se sinta amado por uma mulher, precisa sentir que ela o aceita sexualmente. Se não se sente sexualmente aceito (isto é, se a mulher não é receptiva sexualmente e não aceita seu jeito), em geral não se sente verdadeiramente amado. O mesmo acontece em relação à necessidade primária da mulher. Ela precisa sentir a aceitação pessoal-emocional por parte do homem (isto é, sentir-se protegida, apreciada e valorizada pelo que é), para que se sinta amada. O diagrama seguinte representa graficamente esse fenômeno:

Figura 2

| Mulher → Dá aceitação sexual → Resultado no homem: sente-se amado |
| Homem → Dá aceitação pessoal-emocional → Resultado na mulher: sente-se amada |

Assim, homens e mulheres devem ter suas necessidades primárias separadas satisfeitas antes de poderem sentir que seus parceiros os amam. *Uma complicação posterior a esse quadro é a de que cada um quer sua necessidade primária satisfeita antes de satisfazer a do parceiro.* Essa noção tem implicações perturbadoras. Significa, por exemplo, que os homens querem ser sexualmente satisfeitos antes que queiram — ou consigam — ser sensíveis em nível pessoal-emocional. As mulheres querem ser aceitas pessoal e emocionalmente e agradadas, antes de reagir no nível sexual. O resultado é uma relação muito delicada, mas interdependente, ilustrada pelo seguinte diagrama:

Figura 3

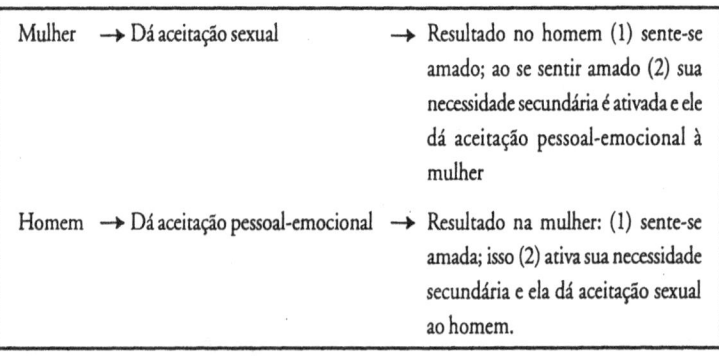

Vemos, pois, que os homens buscam inicialmente a aceitação sexual. Após sentirem-se reconhecidos e apreciados sexualmente, sua necessidade secundária de aceitação pessoal-emocional é ativada. O homem então fica sensível à mulher num nível pessoal, o que atende à necessidade dela de ser valorizada e apreciada pelo que é. Depois que isso acontece, a necessidade sexual secundária da mulher é ativada e ela pode reagir sexualmente ao homem. Como resultado um satisfaz a necessidade primária do outro; agindo assim cada um cria o ambiente para que suas próprias necessidades sejam realizadas.

Resumindo — para o desenvolvimento de um relacionamento sexual saudável, é necessário ocorrer o seguinte: o homem ou a mulher tem fazer uma concessão ao outro. Não importa quem aja primeiro. Por exemplo, se a mulher é sexualmente receptiva ao homem, este se sente amado e em troca sente amor por ela. Com esse sentimento de amor por ela, ele passa a ser não apenas sexualmente receptivo a ela, mas, e mais importante, às suas necessidades, dando-lhe aceitação pessoal-emocional, e portanto atendendo à sua necessidade primária. Ou seja, será carinhoso, cuidadoso e levará em conta as vontades e os desejos individuais dela. (Precisamos nos lembrar de que a necessidade primária masculina de aceitação sexual tem de ser atendida antes que ele possa responder à mulher no nível pessoal-emocional.) A partir desse ponto, ele passa a querer responder à mulher num nível pessoal, e espera que ela lhe responda nesse nível. O mesmo acontece com a mulher. Quando se sente apreciada e considerada como pessoa, ela se percebe sexualmente estimulada e interessada em corresponder sexualmente ao parceiro. À medida que cada um satisfaz as necessidades do outro, um ciclo positivo se estabelece. Agora homem e mulher têm ambas as necessidades atendidas. Cada um sente-se receptivo ao outro e apreciado como pessoa. O resultado é uma relação sexual satisfatória. O diagrama a seguir ilustra esse cenário:

Figura 4

	Resultado: mulher dá aceitação sexual	
Resultado: o homem sente-se amado		Resultado: a mulher sente-se amada
	Resultado: o homem dá aceitação pessoal-emocional	
	Homem	Mulher
Necessidade primária:	Aceitação sexual	Aceitação pessoal-emocional
Necessidade pecundária	Aceitação pessoal-emocional	Aceitação sexual

Entendendo a prioridade das necessidades

Embora este capítulo enfatize freqüentemente que os homens e as mulheres dão a essas necessidades básicas prioridades diferentes, esse modelo pode variar bastante, e isso é perfeitamente normal. Tratei de casais cujas necessidades eram inversas: o homem querendo aceitação pessoal-emocional primeiro e a mulher tendo a aceitação sexual como prioridade número um. Também vi casais cujas prioridades eram iguais. Além disso, com a idade, muitos casais consideram a aceitação pessoal-emocional tão — ou mais — importante do que a aceitação sexual. Ao analisar suas próprias necessidades e as do parceiro, lembre-se de que variações desse modelo são normais. Saiba também que a sua ordem de prioridade nas necessidades, seja qual for, é normal e aceitável.

Compatibilidade sexual — um caso ilustrativo

Tomemos um exemplo concreto para ilustrar esse processo. Jim e Carol são casados há um ano. Quando se conheceram sentiram-se imediatamente atraídos e se envolveram romanticamente. Atraíam-se sexual e emocionalmente. Carol demonstrava aberta e amorosamente sua atração sexual. Os homens freqüentemente sentem que quando uma mulher é sexualmente receptiva, ela está se permitindo ser vulnerável. Quando o homem percebe a mulher como vulnerável, sente que também pode ficar vulnerável. A maioria dos homens manifesta sua vulnerabilidade sendo mais abertos em relação a seus sentimentos pessoais, e se revelando num nível mais profundo. Jim sentiu a atração e receptividade de Carol para com ele, sentiu-se apreciado e valorizado como alguém importante para ela. Como resultado, começou a compartilhar mais dele como pessoa, além de ser atencioso para com as necessidades dela. Dedicava tempo para ouvi-la, dava-lhe flores, e fazia as coisas especiais que ela queria. Respondeu a Carol de tal modo que ela se sentiu estimada pelo que era e não simplesmente como um objeto sexual.

Em resumo, um atendeu à necessidade primária do outro. Ela o valorizou sexualmente; ele a valorizou como uma pessoa única e especial em sua vida. Com esse tipo de interação, suas necessidades secundárias foram ativadas, ou liberadas. Quando Carol se sentiu estimada, valorizada e especial para Jim como pessoa, começou a se sensibilizar mais sexualmente. Sua sensibilidade sexual agora tinha mais significado real para ela. Sexo tornou-se importante e significativo em sua vida, e ela ficou mais receptiva sexualmente a Jim, num nível mais profundo do que anteriormente. Sentindo que Carol importava-se com ele sexual e romanticamente, Jim sentiu-se mais livre para compartilhar e ser mais ele próprio no relacionamento. Confiou mais em seus sentimentos pessoais e compartilhou-os abertamente. Além disso, dedicou mais tempo e atenção para satisfazer as necessidades pessoais-emocionais de Carol. À medida que Jim se sentia sexualmente aceito tornou-se mais consciente de suas necessidades de aceitação pessoal-emocional. Percebeu que gostava de ser franco, e apreciava a proximidade emocional que a relação lhe dava. Também apreciava agradar a Carol e vê-la apreciar seus presentes. Como as necessidades primárias de ambos estavam realizadas, as secundárias tornaram-se tão significativas quanto as primárias.

Vemos então que com Jim e Carol foi criado um ciclo positivo. Quase simultaneamente, ela ficou sensível a ele sexualmente, e ele em relação a ela numa base pessoal-emocional. Com essas reações ocorrendo, cada um sente que se importa e que é importante. Dizem a si próprios: "Você está me mostrando que me ama porque tenta satisfazer minhas necessidades". Então, cada um tenta satisfazer as necessidades do outro, e, nesse processo, começam a ter satisfeitas suas próprias necessidades secundárias. A mulher entra mais em contato com sua própria sexualidade, e o homem começa a saciar suas necessidades emocionais. Nesse relacionamento, ambos ficam contentes e realizados. Temos um ciclo positivo que se alimenta a si próprio.

Como os casais conseguem se tornar sexualmente compatíveis

Parece que, em geral, um relacionamento sexual ou é muito positivo, como o descrita acima, ou muito negativo. Ou se desenvolve muito bem ou muito mal, não havendo meio-termo. Esse fenômeno do tudo ou nada ocorre porque quando surge um esgotamento no relacionamento sexual, ele parece bastante terminal. Vamos examinar por quê. Como vimos, o fato de homens e mulheres serem diferentes em relação às respectivas sensibilidades sexuais determina um equilíbrio bem delicado, que quando mantido, funciona bem. Mas quando esse equilíbrio é interrompido por alguma razão, tudo parece perdido. Por exemplo, se o homem deixa de ser carinhoso e cuidadoso, se não mais pratica os pequenos atos que demonstram seu afeto pela mulher, ao final de um certo tempo ela não mais se sentirá importante para ele. Não se sentirá amada. *Porque não se sente mais amada e apreciada, fica sexualmente apática.* Por não corresponder sexualmente ao homem, este não mais se sentirá amado e valorizado. *O homem sentirá mágoa e raiva. Como conseqüência, deixará de se dar no nível pessoal-emocional.*

Conforme isso ocorre, os parceiros pressionam-se mutuamente no sentido de satisfazer suas necessidades primárias. O homem pressiona a mulher para sexo, solicitando e às vezes exigindo atenção sexual. Esse comportamento afasta-a ainda mais sexualmente. A mulher, por sua vez, pressiona o homem para que este se preocupe mais com as necessidades dela como pessoa. Cada um sente que o outro exige, mas sem dar nada em troca. O resultado é amargura, mágoa, raiva — e problemas na relação sexual.

Por que temos casos extraconjugais

Quando há um esgotamento no relacionamento sexual, as pessoas se voltam, às vezes, para outros relacionamentos. Tanto os homens quanto as mulheres têm casos, mas por diferentes razões. As mulheres, para se sentirem queridas, especiais e importantes, para ser apreciadas como pessoas. Sexo não é tão importante para elas. Por outro lado, os homens geralmente têm casos para serem sexualmente aceitos. Querem uma mulher que aprecie sua aparência, que os considere sexualmente atraentes e capazes de satisfazê-la. Portanto, ambos têm casos para preencher a necessidade básica não satisfeita pelo parceiro.

Um esgotamento na compatibilidade sexual — um caso ilustrativo

Agora precisamos examinar um caso que ilustra como um ciclo negativo que alimenta a si próprio pode desenvolver-se e prejudicar um relacionamento sexual. Dean e Sara são casados há vinte anos e têm dois filhos adolescentes. Embora com alguns altos e baixos no casamento, o relacionamento deles com certeza pode ser descrito como positivo. Segundo Sara, seu maior problema (que começou há um ano, quando Dean foi promovido no trabalho) é que ele está preocupado com sua carreira, sobrecarregando-a com responsabilidades domésticas, contas e educação das crianças. Durante grande parte do tempo Sara não se sente especial ou importante para Dean. Diz ela: "Ele presta atenção em mim quando quer sexo. Durante o resto do tempo, ignora-me por estar trabalhando ou jogando bola com os meninos".

Para Dean, o esporte sempre foi importante. Jogador de basquete na faculdade, agora ensina-o aos filhos (ambos no time de basquete da escola) com práticas diárias. Sente que precisa passar mais tempo com eles porque logo irão para a faculdade e ficarão independentes. Esses últimos anos do segundo grau são sua última chance de passar algum tempo com qualidade com eles, pensa. Dean também sente que, já que trabalha duro para sustentar a família, sua esposa deve assumir mais as tarefas e responsabilidades domésticas. Embora esse tenha sido o padrão da família por muitos anos, a sua nova promoção e responsabilidades adicionais deixaram-lhe ainda menos tempo livre para Sara.

Logo após a promoção, ele e Sara começaram a ter dificuldades sexuais. Dean trabalhava muito e estava cansado demais à noite. Não tentava satisfazer a necessidade de Sara de aceitação pessoal-emocional; freqüentemente queria fazer sexo e dormir. Nessas condições, Sara começou a sentir-se usada. Sentia que Dean não queria realmente estar com ela e apreciar sua companhia, mas apenas que estava "excitado" e ela era conveniente. Dean julgou que Sara não estava sexualmente atraída por ele e que se afastava intencionalmente. Como resultado, sentia raiva e frustração.

Mais e mais freqüentemente tanto as necessidades de aceitação sexual de Dean quanto as de aceitação pessoal-emocional de Sara foram frustradas. Pelo fato de os dois se sentirem magoados e irritados, não mais, voluntária ou involuntariamente, satisfizeram a necessidade primária de ambos. Cada qual pressionava o outro para conseguir a realização de sua própria necessidade primária e, ao mesmo tempo, abandonava uma tentativa sincera de atender às necessidades do outro.

A conseqüência para eles é típica de muitos casais que têm esse problema. Dean sente que Sara nunca quer sexo e que o nega intencionalmente a ele. "O que há de errado com ela?" pergunta-se. "Temos de sair sempre, tenho que pagar-lhe um jantar, trazer-lhe flores antes que possamos ir para a cama? Será que não podemos apenas fazer amor e nos apreciar sem todos as preliminares a cada vez?" Dean pensa que sexo deveria ser tão significativo para Sara quanto para ele como homem. Quando Sara não responde sexualmente, ele se sente magoado, irritado e não amado. Conseqüentemente, tende a refrear seu apoio emocional e afeição à Sara, elementos esses que, a longo prazo, ajudariam-no a satisfazer suas próprias necessidades.

Quando Sara se sente não amada diz: "Dean quer apenas sexo. Não está interessado em mim. Não posso ficar a sua disposição para sexo. Isso para mim não tem significado. Dean pode estar no meio de alguma coisa e de repente interromper e ter sexo. Eu quero primeiro terminar tudo, para depois nos sentirmos próximos e fazer amor". Aqui, Sara expressa o sentimento, freqüente entre muitas mulheres, de querer suas necessidades de aceitação pessoal-emocional atendidas antes de conseguir ser sexualmente receptiva. Nesse caso, como nenhum parceiro atendia à necessidade primária do outro, ambos deixaram de se dar, sentindo-se magoados, ressentidos e não amados. Como era de se esperar, sua vida sexual sofreu imensamente. Meses freqüentemente se passaram sem sexo e sem uma proximidade mútua. Esse é um padrão triste, mas comum entre casais, quando não entendem e não resolvem suas diferenças na área de relacionamento sexual.

A necessidade de proteção-segurança

Até este capítulo afirmamos que as necessidades de aceitação sexual e pessoal-emocional são básicas para homens e mulheres, devendo ser reconhecidas se buscamos compreender como conquistar a compatibilidade sexual numa relação amorosa contínua. Agora queremos discutir uma terceira necessidade, também presente, que se torna mais acentuada quando o casal tem filhos. Trata-se da necessidade de proteção-segurança. Ela diz respeito ao desejo de ser sustentado emocionalmente e, às vezes, financeiramente.

Essa necessidade é muito mais forte e evidente em mulheres do que em homens, especialmente com a chegada de filhos. Uma mulher nessa fase precisa sentir que ela, como mãe, e os filhos são protegidos e sustentados pelo homem. O sentimento de família é muito importante para a mulher. Na verdade, essa necessidade predomina sobre suas necessidades de aceitação sexual e pessoal-emocional, nessa época. Como resultado, se o marido deseja uma esposa que seja sexualmente receptiva, primeiro ele deve proporcionar satisfação de suas necessidades de proteção-segurança e também de aceitação pessoal-emocional. Se não sentir que suas outras duas necessidades estão sendo satisfeitas, ela não estará sexualmente sensível. Devemos nos lembrar, contudo, que os homens também têm essa necessidade de proteção e segurança, geralmente manifestada em seu medo de serem substituídos ou abandonados pela esposa. Os homens querem sentir-se seguros no relacionamento e parte de uma família, exatamente como as mulheres.

Vamos ilustrar a importância dessa necessidade de proteção-segurança com o caso de Randy e Sue. Eles estão casados há sete anos, com dois filhos pequenos, de dois e cinco anos. Randy é um guia-conselheiro; Sue trabalha meio período fazendo tarefas secretariais e sendo baby-sitter. Há um ano e meio, Randy decidiu tirar uma licença no trabalho para terminar sua tese de mestrado e realizar algumas reformas na casa. Essa licença criaria algumas dificuldades econômicas para a família, e Sue sentia-se desconfortável com isso. Randy garantiu-lhe que seu salário aumentaria a partir da defesa de tese, e Sue, relutantemente, aceitou o plano.

No entanto, Randy "enrolou" durante a maior parte dos seis meses, não conseguindo terminar seus estudos nem fazer nenhuma das reformas necessárias. Inicialmente Sue ficou chocada e magoada com o comportamento de Randy. Com o tempo desenvolveu um ressentimento crescente em relação ao marido. Sentiu-se abandonada por ele; seu senso de segurança e sua necessidade de apoio e proteção, com dois filhos pequenos, estavam ameaçados. Preocupava-se agora com sua sobrevivência. Arranjou dois empregos de meio período. Quando terminou a licença de seis meses de Randy, ele retornou ao emprego antigo. Embora havendo dinheiro suficiente e com a situação financeira novamente estável, o dano já tinha ocorrido. Sue perdera a confiança em Randy como provedor. Ele tinha violado necessidades de proteção-segurança. Em sua mente, Randy não tinha cuidado da família conforme prometera. É desnecessário dizer que, não apenas sua freqüência de relações sexuais diminuiu durante a licença de seis meses, mas por um ano ainda sua vida sexual ficou prejudicada. Sue não se interessou por sexo; uma necessidade mais básica não estava sendo satisfeita. Vemos então a importância de se entender a receptividade sexual no contexto das outras necessidades. Mais uma vez, é visível que homens e mulheres são diferentes na prioridade que dão a sexo em suas vidas.

Problemas pessoais e receptividade sexual

Um aspecto que separa homens e mulheres na área sexual, é o peso que os problemas têm em suas vidas. Como regra geral, quando mulheres têm problemas, tais como estudar para um exame, horas extras no trabalho, excesso de trabalho doméstico, ou dificuldades com um assunto específico, não apreciam desviar sua atenção para fazer amor. Geralmente preferem acabar o que estão fazendo primeiro. Quando tiverem terminado estarão novamente receptivas. Os homens são exatamente o oposto a esse respeito. Um homem pode estar envolvido com um problema (como pagar contas ou calcular o imposto de renda) mas no meio disso dá um salto e diz "Amor, vamos fazer uma pausa e ir para a cama". Os homens não precisam necessariamente completar uma tarefa ou ter um problema resolvido para só então se interessarem por sexo. Essa diferença pode ser um ponto dolorido para casais, se eles não entenderem a atitude de cada um. Observe o exemplo seguinte:

Ralph e Peggy mantinham-se muito ocupados em cumprir com o trabalho e com os horários do primeiro ano da faculdade de Direito. Ambos trabalhavam intensamente mas na hora do sexo respondiam diferentemente às pressões da faculdade, Ralph se frustrava com seu trabalho e às vezes queria colocá-lo de lado e fazer amor. Peggy sempre adiava, dizendo:"Deixe-me terminar este trabalho ou relatório". Os conflitos surgiram até que eles aprenderam que cada um reage diferentemente a pressões e problemas, no tocante a fazer amor. Peggy queria tudo completo e resolvido antes de fazer amor; Ralph queria escapar às frustrações e uma pausa para fazer amor. Aprender a apreciar e aceitar suas diferenças nessa área ajudou-os a encontrarem soluções satisfatórias relativas à disponibilidade para fazer amor.

Como vemos, homens e mulheres são diferentes no tocante às situações que os tornam sexualmente receptivos. Para os homens, as mulheres podem parecer muito frustrantes. Elas querem a satisfação de suas necessidades de proteção-segurança, e então, na ausência de qualquer problema que ocupe suas mentes, conseguem ser sexualmente sensíveis. As mulheres também se sentem frustradas com os homens ao vê-los querer apenas sexo, sem interesse em outros aspectos do relacionamento. A compatibilidade sexual parece exigir o preenchimento de inúmeros requisitos. Vamos examinar quais passos podem ser dados para o desenvolvimento de um relacionamento sexual mais harmônico.

O que pode ser feito?

A questão é: se homens e mulheres são geralmente diferentes na área de sua sexualidade, como podem desenvolver alguma forma de compatibilidade sexual? Três itens básicos podem ser cumpridos para aumentar as chances de se ter um relacionamento sexual mais satisfatório.

Primeiro e mais importante, deve haver um reconhecimento das diferenças: a necessidade básica de um homem é a da aceitação sexual, seguida pela pessoal-emocional. A de uma mulher é a pessoal emocional, acompanhada por um sentimento de segurança, proteção, e finalmente pela aceitação sexual. Homens e mulheres geralmente seguem esse padrão. Alguns casais podem ter o padrão inverso, com o homem querendo aceitação pessoal-emocional primeiro e a mulher tendo como prioridade a aceitação sexual. Esse padrão também é normal, embora não tão freqüente. O que importa para os casais é a compreensão de que cada um geralmente terá uma ordem diferente de prioridades na área do sexo.

Os problemas começam quando os casais não entendem nem aceitam o fato de que homens e mulheres diferem em suas atitudes sexuais. Algumas vezes os homens perguntam: "Por que ela não pode simplesmente ter sexo por sexo, e ponto final?" As mulheres dizem: "Quero ser querida, tratada de modo especial e nesse contexto, sexo é ótimo". O primeiro passo, então, é admitir essa diferença e aceitá-la. Um não deve tentar mudar o outro, mas simplesmente aceitar o outro como ele ou ela é.

O segundo passo para se criar uma relação sexual alegre e harmoniosa é aprender a colocar as necessidades da pessoa amada antes das suas. Uma pessoa cria conflitos para si própria se esperar que seu cônjuge seja exatamente como ela é, recusando-se a fazer algo a menos que se suas necessidades sejam atendidas primeiro. Se um homem reconhece que a mulher precisa sentir-se especial, protegida e apreciada para poder sentir-se confortável sexualmente, será interessante para ele satisfazer as necessidades dela primeiro, em vez de esperar que ela tenha a mesma sensibilidade sexual que a sua. Se ele constrói um relacionamento positivo constantemente satisfazendo sua necessidade de se sentir amada, ela lhe responderá no nível sexual a maior parte do tempo. Esse método requer paciência e a habilidade de colocar as necessidades do outro antes das suas.

A mulher também deve admitir que os homens necessitam de aceitação sexual para se sentirem amados. Isso não significa, contudo, que uma mulher deve ter sexo com o parceiro simplesmente porque ele quer. Se não está a fim e está preocupada com outras coisas será difícil ter sexo sem sentir remorsos. Essa aceitação significa, porém, que uma mulher deve responder a um homem no nível sexual com flertes, brincadeiras, demostrando que ele é importante num nível sexualmente.

Homens e mulheres, então, não só precisam aceitar suas diferenças relativas a sexo, mas também trabalhar ativamente para atender as necessidades primárias do outro de modo a garantir a satisfação de suas próprias necessidades. Se cada um trabalhar duplamente para satisfazer as necessidades do outro, o relacionamento sexual será um sucesso.

Um homem, portanto, precisa dar um senso de proteção e segurança para sua parceira. Deve tratá-la e apreciá-la como pessoa. Também precisa aceitar que, em alguns períodos, assuntos como problemas financeiros ou preocupações com as crianças são mais importantes para ela do que sexo. Igualmente, a mulher deve perceber a importância de aceitar sexualmente ao homem e ser sensível às suas necessidades nessa área.

O terceiro e último passo que pode trazer maior harmonia e compatibilidade sexual ao casal é o aprendizado de uma comunicação eficaz . De todas as áreas de um relacionamento, a de sexo e sentimentos é a mais difícil de expor. Os casais freqüentemente querem falar honestamente e escutar os pontos de vista do parceiro sobre política, religião, dinheiro, ou parentes, mas acham muito mais difícil discutir sexo em termos francos, claros e abertos. Muito freqüentemente são defensivos, prudentes ou, pior, calados sobre seus sentimentos em relação a suas necessidades sexuais, desejos, esperanças e temores. Muitos problemas podem ser resolvidos quando os sentimentos são abertamente compartilhados e os parceiros escutam eficazmente um ao outro. Portanto, boas habilidades de comunicação, especialmente, ouvir, dar e ser aberto e assertivo em relação às necessidades podem ser vantagens reais na resolução de problemas e na compreensão do outro, o que também auxiliará os casais a atingir uma compatibilidade sexual.

Resumo

Tanto os sentimentos de amor (examinados num capítulo anterior) quanto a compatibilidade sexual (como vista neste capítulo) são muito importantes na criação e manutenção de um relacionamento vitorioso. Mas os sentimentos de amor e a compatibilidade sexual são assuntos delicados que podem funcionar de forma maravilhosa ou desastrosa para nós. Observamos que para atingir um relacionamento sexualmente compatível os casais precisam entender que homens e mulheres são diferentes na receptividade sexual, que as necessidades de um parceiro devem ser atendidas antes das próprias, e que a comunicação entre os membros de um casais deve ser franca e aberta.

Uma outra chave para entender como manter um relacionamento sexual satisfatório é saber lidar com outras áreas do relacionamento. Nos próximos três capítulos estaremos abordando especificamente os temas da resolução de conflitos, intimidade e tempo agrádavel juntos.

Todos esses temas estão inter-relacionados, diretamente: o êxito em uma área favorece o êxito em outra. A compatibilidade sexual torna mais fácil a resolução de conflitos e a habilidade de resolver conflitos torna possível um relacionamento sexual mais satisfatório.

4

Conflitos de casais

Introdução

Uma área de grande importância na manutenção de um relacionamento amoroso bem-sucedido é o aprendizado para lidar com problemas de forma construtiva. Em todo relacionamento próximo e afetuoso surgirão inúmeras ocasiões de desacordo. Os dois se exasperam. As mulheres fazem coisas de que os homens não gostam e os homens igualmente irritam as mulheres. Tal conflito não é nem ruim, nem bom: é simplesmente uma inevitável faceta dos relacionamentos. O importante não é o fato de que os casais têm diferenças, mas como resolvê-las. Seguindo esse raciocínio, os casais felizes não são definidos pela quantidade de discussões que têm, mas pelos métodos que utilizam para resolvê-las. Neste capítulo exploraremos métodos empregados para solucioná-las de maneira saudável e democrática.

É importante entender que é possível discutir por quase qualquer coisa imaginável. O tema pode variar desde o conhecido apertão no tubo da pasta de dentes até se se deve ter filhos, passando pelo tipo de investimento em dinheiro e a que filme assistir. A lista de desacordos potenciais é infinita. A base de qualquer briga ou discussão é um desentendimento relativo à maneira de solucionar um problema. Se você insiste em fazê-lo a seu modo, ou se seu cônjuge ultrapassa a linha do que você considera inaceitável, achará que suas necessidades estão sendo infringidas e sentirá frustração, mágoa ou irritação. Quando o cônjuge se recusa a fazer o que você quer e você se recusa a mudar, está criado o ambiente para conflitos.

Por que os casais brigam

Por que parece tão fácil discutir com alguém a quem você ama e com quem se importa tanto? Algumas das razões comuns dizem respeito ao fato de que as pessoas brigam com as pessoas mais próximas. Você com certeza prefere ser visto pela sua família como realmente é, a expor-se a estranhos. Além disso, a tensão e pressão da vida diária normalmente são "jogadas" sobre a pessoa amada e a família. Contudo, o principal motivo de existirem discussões é o fato de todos terem aprendido a fazer as coisas a seu próprio modo; desde a maneira de apertar o tubo da pasta de dentes até uma análise da situação mundial. O seu modo pessoal de fazer as coisas é resultado de suas experiências de crescimento, de sua criação e da evolução de seu estilo e valores pessoais no tempo. Como cada indivíduo é diferente, cada um traz ao relacionamento modos diferentes de fazer as coisas.

Por exemplo, Sue vem de uma família que acredita que "a limpeza está próxima da santidade". A casa de seus pais era imaculada. Viveu sozinha durante quase quatro anos; seu apartamento, como a casa de seus pais, estava sempre impecável. Bob, seu namorado, veio de um ambiente familiar em que a ênfase maior era colocada nas realizações acadêmicas e profissionais, com pouca atenção sendo devotada a uma casa limpa. Bob, originário de uma família de oito filhos, não se lembra de ter visto a casa sendo limpa ou de alguém se importando com desordem. Logo que Sue e Bob passaram a viver juntos surgiram conflitos. Bob deixava seus sapatos, bermudas e calças pela casa inteira e tinha pouco interesse numa casa "superlimpa". Sue estava irritada com o que denominava "valores domésticos relapsos" de Bob e angustiada com sua falta de interesse em manter uma casa limpa, organizada e em ajudá-la nas tarefas domésticas. Isso não tinha o mesmo valor para ele. Como conseqüência tiveram muitas discussões sobre quão limpa uma casa devia ser e quem deve limpá-la.

Os casais devem aceitar conflitos como esse como uma parte inevitável da vida. Devem almejar encontrar maneiras de tratar deles com êxito. Se a solução do conflito for positiva (isto é, ambos vencem), não apenas resolvem um problema, mas também crescem como pessoas e fortalecem seu relacionamento. Uma resolução vitoriosa de conflitos também cria efeitos benéficos em outras áreas do relacionamento, como na de sexo e de sentimentos mútuos de amor.

Dividiremos o restante deste capítulo em duas partes. Na primeira, analisaremos quatro métodos diferentes de solucionar discussões. Os dois primeiros em geral não funcionam, e freqüentemente criam mais problemas do que resolvem, causando um impacto negativo no relacionamento. Os últimos dois geram um resultado positivo e permitem a vitória dos dois lados. A segunda parte do capítulo será dedicada a um exame das habilidades e passos que os casais devem respectivamente ter e dar para garantir que seus conflitos tenham um resultado positivo e não negativo.

Parte 1 — dois elementos de um conflito

Inicialmente, precisamos entender que existem dois elementos básicos em cada situação conflituosa surgida entre pessoas, independentemente da natureza de seu relacionamento: marido e mulher, pais e filhos, professor e aluno, ou chefe e subordinado. O primeiro elemento é o *problema real* a ser resolvido. Retornando ao exemplo de Sue e Bob, lembremos que o problema a ser resolvido é quão limpa a casa devia ser era de quem é a responsabilidade de limpá-la. O segundo elemento em todo conflito é o tema do *relacionamento mútuo*. Isso diz respeito a como os parceiros se sentem em relação a si próprios; têm sentimentos bons ou ruins em relação ao outro? Sentem que a discussão termina realmente, ou ainda se sentem magoados, irritados e amargos após uma discussão? Por exemplo, após a discussão sobre assuntos domésticos, Sue e Bob poderiam sentir raiva e ressentimento ou felicidade e satisfação.

Esses dois elementos, o *problema* e o *relacionamento*, terão um papel significativo em qualquer discussão. Cada um deles pode ter uma influência *positiva* ou *negativa*. Isto é, os casais podem resolver o problema ou não, e podem ter sentimentos bons ou ruins após uma discussão. As diferentes combinações entre esses dois elementos (problemas e relacionamentos) e os dois resultados possíveis (positivo ou negativo) conduzem a quatro tipos de resolução de problemas. São eles:

Número 1: AMBOS PERDEM
(Problema: não resolvido   Relacionamento: sentimentos negativos.)

Número 2: UM GANHA — AMBOS PERDEM
(Problema: solução encontrada.   Relacionamento: sentimentos negativos.)

Número 3: SEM SOLUÇÃO — MAS AMBOS GANHAM
(Problema: não resolvido.   Relacionamento: sentimentos positivos.)

Número 4: AMBOS GANHAM
(Problema: solução encontrada.   Relacionamento: sentimentos positivos.)

Vamos explorar essas quatro resoluções e avaliar a eficácia de cada uma delas. Depois vamos examinar os passos necessários para alcançar o resultado número 4 — AMBOS GANHAM

Quatro métodos pelos quais os casais resolvem conflitos

Número 1: AMBOS PERDEM

(Problema: não resolvido.   Relacionamento: sentimentos negativos.)

Quando os parceiros decidem suas diferenças por este primeiro método, tanto o problema que querem resolver quanto seus sentimentos mútuos têm um resultado *negativo*. Isto é, não conseguem encontrar uma solução para o problema com que se defrontam e, além disso, discutem e brigam de tal forma que ficam magoados e ressentidos um com o outro. Em resumo, permanecem sentimentos amargos entre eles. Obviamente, não é um resultado desejável.

Vamos usar um simples exemplo para ilustrar esse primeiro método. Bill e Barb querem assistir a filmes diferentes, Bill a uma aventura e Barb a uma comédia romântica. Discutem e não chegam a um acordo sobre o filme; além disso, discutem de tal modo (atacando, menosprezando, não escutando) que acabam se magoando. Não resolveram o problema — ainda não podem decidir a que filme assistir —, e sua maneira de se comunicar deixou-os com sentimentos dolorosos e não resolvidos. Esse, portanto, é um resultado negativo em que OS DOIS PARCEIROS PERDEM. Se a maior parte das diferenças for acertada pelo método número um, provavelmente os parceiros não permanecerão juntos por muito tempo, ou, se o fizerem, terão um relacionamento infeliz.

Número 2: UM GANHA — AMBOS PERDEM

(Problema: solução encontrada.   Relacionamento: sentimentos negativos)

Neste segundo método, ao contrário do primeiro, os parceiros chegam a uma decisão sobre como lidar com um problema específico. Por meios legais ou fraudulentos, os dois lados encontram um método para lidar com os problemas e chegam a uma solução. O método utilizado para obter um acordo, entretanto, prejudica o relacionamento. Como no primeiro método, ainda existem sentimentos amargos entre os parceiros devido à maneira com que se comunicaram. Por exemplo, podem ter brigado e gritado, sem escutar um ao outro. No primeiro método, ambos falham em encontrar uma solução para o problema geralmente porque ambos se recusam a dar apoio ou fazer concessões ao outro. No segundo método, um parceiro geralmente cede — é a solução de "paz a qualquer preço". Essa concessão ocorre entre os parceiros quando existe um desequilíbrio de poder. Logo, a pessoa com mais poder decide pela solução e o outro concorda.

Vamos retornar ao exemplo de Bill e Barb discutindo sobre o filme. Se Bill tiver mais poder no relacionamento do que Barb, pode muito provavelmente forçá-la a assistir ao filme de sua escolha. Ela pode aceitar relutantemente: Essa solução parece produzir harmonia, mas a longo prazo apenas deixará Barb ressentida com Bill. Ela também se sentirá incapaz de controlar sua própria vida. Em contrapartida, Bill muito possivelmente se sentirá culpado e desrespeitoso em relação a Barb. O problema está resolvido; o relacionamento estará ameaçado, no entanto, se Bill e Barb continuarem a resolver suas diferenças dessa forma. Com esse método, então, podemos dizer que um parceiro pode ganhar a batalha imediata, mas AMBOS PERDEM no final, pois a longo prazo essa estratégia destrói um relacionamento. A solução aparentemente rápida de problemas é contrabalançada por muitos sentimentos negativos que minam a qualidade do relacionamento entre os parceiros.

Número 3: SEM SOLUÇÃO — MAS AMBOS GANHAM
(Problema: não resolvido.)   (Relacionamento: sentimentos positivos.)

Neste método não se alcança uma solução que agrade a ambos. Os parceiros não encontram nenhuma solução ou apesar de não gostarem de nenhuma das propostas aceitam por não encontrar nada melhor. Diferentemente dos outros dois métodos, contudo, nesta solução *não* há sentimentos residuais negativos. Os dois não conseguem resolver o problema a contento, mas, apesar disso, sentem-se bem um com o outro.

O que acontece aqui é que o modo como parceiros se comunicaram trouxe um resultado positivo para seu relacionamento. O aspecto favorável desse método de resolução de conflitos é que os dois parceiros se respeitam reciprocamente como pessoas, em seus direitos, e há um equilíbrio justo de poder entre eles. Nenhum deles tenta manipular ou forçar o outro a uma solução da qual se arrependeria mais tarde. Trabalharam bastante para encontrá-la sem achar porém uma com a qual ambos concordassem. Podem aceitar uma solução com a qual nenhum concorda. Mas a questão é que eles têm sentimentos positivos e bons entre si. O relacionamento está em boa forma.

Voltemos a Bill e Barb. Não conseguem concordar sobre o filme e não querem ver a primeira escolha do outro. Poderiam escolher um terceiro filme, ou ver um filme numa noite e o segundo em outra, ou não assistir a nenhum filme. O ponto mais importante nesse caso é que o respeito recíproco que sentem e sua vontade de se comunicar aberta e honestamente mantê-los-ia próximos como pessoas. Devido ao fato de que nem sempre se encontram soluções totalmente aceitáveis para os problemas, é importante não deixar esse fracasso controlar o relacionamento entre pessoas. Os casais sempre terão discussões e diferenças. O essencial é que os parceiros mantenham sentimentos bons entre si.

Número 4: AMBOS GANHAM

(Problema: solução encontrada.   Relacionamento: sentimentos positivos.)

O quarto e último método é o ideal — um acordo democrático. Uma solução satisfatória é encontrada e ambos os parceiros têm sentimentos bons entre si. Os métodos utilizados pelo casal na solução de conflitos resultam na manutenção de sua proximidade. Como no terceiro método, estamos lidando, neste caso, com um relacionamento de respeito mútuo, marcado por um equilíbrio justo de poder, que conduz a um espírito de luta justa. O resultado é uma solução que ambos apreciam, sem sentimentos residuais dolorosos.

Para Bill e Barb, a solução poderia estar num terceiro filme de que ambos gostassem. Nenhum dos dois se sentiria enganado. Teriam conversado de um modo que evidenciasse preocupação e respeito mútuos, e nenhum deles se sentiria manipulado. Quando os casais constantemente resolvem diferenças pelo método AMBOS GANHAM, além de resolver o problema criam sentimentos positivos, assim fortalecendo o relacionamento.

Afirmamos anteriormente que para rejuvenescer os sentimentos de amor e manter a compatibilidade sexual, os casais deveriam resolver suas diferenças com sucesso. Se os conflitos são resolvidos pelos métodos um e dois (AMBOS PERDEM ou UM GANHA — UM PERDE, as conseqüências serão amargura, mágoa e sentimentos hostis. Com o passar do tempo, esses sentimentos afastam os casais. Os sentimentos românticos se dissipam e o desejo sexual diminui. Claramente, o modo de resolver conflitos se dá pela utilização dos métodos três e quatro, pois resolver diferenças democraticamente e brigar de maneira justa têm amplas implicações na qualidade geral de um relacionamento.

Parte 2 — Aprendendo a brigar eficazmente

É fácil perceber que os métodos de resolução de conflitos três e quatro são melhores do que os métodos um e dois. A questão é: como garantir que os métodos três e quatro sejam usados? Querer um resultado democrático no qual *ambos ganham* não é o mesmo que consegui-lo. Muitas pessoas começam uma discussão com a melhor das intenções de brigar de forma justa e encontrar uma solução mutuamente aceitável, e em dez minutos estão gritando e discutindo. Boas intenções são abundantes, mas a discussão resulta em portas batidas, cara amarrada e sentimentos hostis. Que habilidades e passos são necessários para aplainar as diferenças de modo que AMBOS POSSAM GANHAR?

Entendendo a raiva

O primeiro passo no aprendizado de uma abordagem bem-sucedida de um conflito é aprender a ser assertivo com a pessoa amada. Você precisa ser capaz de encarar seu parceiro e demonstrar seus verdadeiros sentimentos. Por estar no meio de um conflito, provavelmente esses sentimentos serão negativos. Embora pareça um passo simples, na prática é muito complicado. Para entender o conceito da asserção, você deve começar a compreender a dinâmica da raiva. Todo mundo sente raiva quando alguém pisa em seu calo ou faz algo inaceitável. Seu parceiro pode chegar uma hora atrasado e estragar o jantar-surpresa que você lhe preparou, ou paquerar sua melhor amiga numa festa, ou ainda esquecer de seu aniversário. Essas e mil outras coisas podem lhe trazer frustração, irritação e raiva.

Ficar com raiva é uma combinação de três fases. Na primeira, você *sente* a raiva. Inicialmente, a raiva é sentida em nível fisiológico. O coração bate mais rápido, o pulso se acelera, o estômago se aperta: você está pronto para uma resposta de fuga ou luta. A segunda fase da raiva se dá no nível psicológico. É a *consciência* da raiva. Você pode sentir raiva consciente ou inconscientemente. Por exemplo, imagine que uma pessoa compartilha com alguns colegas idéias importantes sobre um projeto que desenvolveu. Escuta as críticas que lhe são feitas e contra-argumenta logicamente com eles. No momento em que está sendo criticada, ela *não* está consciente de seu sentimento de raiva; racionaliza que é parte do trabalho deles avaliar e criticar seu trabalho. Várias horas depois, ao estar só, percebe-se muito irritada.

Ela está rancorosa por seus colegas terem arrasado o projeto que você passou dias elaborando. Com esse exemplo, vemos que as pessoas freqüentemente não estão conscientes, pelo menos inicialmente, dos seus sentimentos de raiva.

Embora seja importante estar *consciente* da raiva, um ponto mais crucial é a aceitação da raiva como algo normal e natural dos seres humanos. Uma das principais razões pelas quais as pessoas não se tornam conscientes da raiva é que, em algum ponto de suas vidas, aprenderam que não é apropriado senti-la. A maior parte delas quer ver a si própria (e quer ser vista pelos outros) como meiga, bondosa e amorosa, especialmente ao lidar com a pessoa amada. Ficar com raiva não é considerado coerente com ser bondoso, meigo e amoroso. Portanto, muitas pessoas a reprimem. Todos sentem raiva, mas muitos ainda não aprenderam a estar conscientes dela e aceitá-la. Um importante passo na resolução dos conflitos é a aceitação de que sentimentos de raiva são normais.

A terceira fase na compreensão da raiva centra-se na maneira pela qual as pessoas *expressam* esses sentimentos negativos. Como nos lembramos do capítulo 2, as pessoas escolhem demonstrar sua raiva de três modos: passivamente, assertivamente e agressivamente. Desses, o único apropriado e útil na resolução de um conflito é ser assertivo, o que significa ser franco e aberto em relação aos seus sentimentos negativos. Você informa ao parceiro como realmente se sente. Não esconde sua raiva, como faria se fosse uma pessoa passiva, nem ataca ou despreza seu parceiro, como se fosse uma pessoa agressiva. A assertividade é um modo direto e honesto de lidar com sua raiva. Você tenta satisfazer suas necessidades, mas não à custa do parceiro. Assim, as necessidades de ambos são satisfeitas.

A raiva como uma emoção secundária

Neste capítulo vimos que ficar *consciente* da raiva, *aceitá-la* como algo normal e aprender a *expressá-la* em termos diretos e francos são aspectos essenciais na resolução de conflitos. Para se entender a dinâmica da raiva, contudo, é fundamental perceber que ela pode ser uma emoção secundária. Freqüentemente, por trás da raiva encontra-se um *sentimento mais básico*. As pessoas em geral não têm consciência desses sentimentos básicos, mais vulneráveis, enquanto não se conscientizam e aceitam sua raiva.

Usemos alguns exemplos para ilustrar esse fenômeno. Você está dirigindo e um outro automóvel lhe dá uma fechada, quase o atingindo. Instintivamente você pisa no freio, evitando uma colisão. Você está a salvo e ninguém foi ferido. Você também sente muita raiva. Fala alto e grita com o outro motorista que quase tirou sua vida. Após expressar sua raiva, sente um tremor e descontrole — você poderia ter morrido! Por trás de sua raiva estão *medo* e *alívio*, sentimentos mais primários; neste caso, medo e depois alívio.

Veja outro exemplo. Uma mulher vai a uma festa. Após alguns copos, vê alguém paquerando seu parceiro. Ele parece estar se divertindo e respondendo ao flerte! Ela está com raiva e, a caminho de casa, nessa noite, dá uma dura. Ela está enraivecida, sabe disso, e diz isso. Depois de expressar a raiva, contudo, percebe que os sentimentos que está sentindo não são mais de raiva, mas de *ciúme*, o temor de ser *ameaçada* pela possível atração de seu parceiro por outra pessoa. Pode-se afirmar quase sempre que, atrás de sua raiva existem outros sentimentos, mais vulneráveis, que devem ser compartilhados.

Os passos relacionados com a maneira pela qual abordamos a raiva, então, são: primeiro ter consciência dela e aceitá-la. Segundo, você precisa aprender a exprimir estes sentimentos de uma maneira assertiva e, terceiro, se for o caso, partilhar estes sentimentos também. É importante se dar conta de que se você não exprimir primeiro sua raiva, então provavelmente você não se dará conta dos problemas subjacentes à raiva. Abordar a raiva de maneira direta é, pois, um passo inicial para resolver o conflito.

Cinco passos para resolver uma discussão

Passo 1: Ser Assertivo

Agora que entendemos melhor o fenômeno da raiva, é fácil ver a importância de ser assertivo na resolução de conflitos. O primeiro passo, nesse sentido, para os dois parceiros, é a asserção. Se você não consegue ser assertivo, não conseguirá resolver os conflitos de modo que os DOIS GANHEM. É impossível. O primeiro passo para cada parceiro é partilhar seus sentimentos com franqueza. Essa partilha deve ser feita de modo assertivo, sem ocultar sentimentos (ser passivo) e sem atacar o parceiro (ser agressivo). Os métodos passivo e agressivo de confrontação apenas geram mais problemas. Uma asserção direta e honesta sobre o que o/a incomoda é o primeiro passo crítico. Um exemplo ilustrará a importância desse passo. Sharon acha que Michael não lhe dá apoio nas tarefas domésticas. Como ambos trabalham em período integral, ela sente que as tarefas deveriam ser uma responsabilidade compartilhada.

Sharon: "Mike, estou frustrada e irritada com o seu comportamento. Estou carregando toda a responsabilidade pela limpeza e não acho justo. Sinto que deveríamos dividi-la".

Mike: "Estou trabalhando em dois empregos. Sei que deveria trabalhar mais em casa, mas sinto que compenso isso com os dois trabalhos que tenho".

Vemos nesse exemplo simples que ambos estão sendo assertivos e estão dividindo seus sentimentos. Ser assertivo em si não resolve o problema, mas encaminha corretamente o processo de resolução. Isso ocorre porque as pessoas estão expondo o modo como se sentem e o que pensam. Você não pode resolver um problema se não quiser falar abertamente sobre o que se passa dentro de você. Se o fizer de modo assertivo (compartilhando a raiva e os sentimentos mais básicos por detrás dela), cada um sabe como o outro está. Além disso, ninguém ficará na defensiva, pois ninguém foi atacado.

Passo 2: Escutar

É importante que os dois parceiros sejam assertivos e arranquem sentimentos de seu peito; assim cada um sabe como o outro se sente. Mesmo se a pessoa for agressiva, contudo, seu parceiro provavelmente reagirá com alguma defesa. Ninguém gosta de ser criticado, independentemente do cuidado ou franqueza com que isso é feito. Uma dificuldade grande ao discutir com a pessoa amada é que a confrontação pode se exacerbar e ficar fora de controle. Ambos começam sendo assertivos, mas se um fica na defensiva porque é atacado pelo parceiro, o outro se torna mais e mais assertivo até ficar agressivo. Algumas vezes, se as duas pessoas ficam agressivas, uma sessão de gritos começa. Ou, se apenas um fica agressivo, o outro desiste fazendo concessões involuntárias, ou fica aborrecido, ou se esconde. De qualquer modo, esse aumento progressivo de agressividade conduz a uma interrupção na comunicação e impede a resolução democrática de diferenças.

Para impedir essa agressividade, os parceiros devem aprender a *escutar eficazmente*. Se você escutar alguém assim e deixa claro que entende o que ele ou ela diz, seu comportamento geralmente terá um efeito calmante. Quando uma pessoa é escutada, ela sente que foi ouvida e entendida, e torna-se menos argumentativa, menos defensiva e mais inclinada a parar de discutir a fim de ouvir. Ouvir eficazmente é um processo de dois passos. Primeiro, você dedica tempo e esforço para se concentrar no que uma pessoa diz; segundo, reafirma para essa pessoa a essência do que a ouviu tentar comunicar. Voltemos ao exemplo de Mike e Sharon e o tema das tarefas domésticas.

Sharon (confrontação assertiva): Mike, estou frustrada e irritada com o seu comportamento. Estou carregando toda a responsabilidade pela limpeza e não acho isso justo. Acho que deveríamos dividi-la.

Mike (escutando): Você sente que você esta sendo prejudicada e que eu estou tirando o corpo fora da minha parte do acordo.

Sharon: Sim, é verdade.

Mike (confrontação assertiva): Bem, estou trabalhando em dois empregos agora e apesar de saber que deveria trabalhar mais em casa, sinto que compenso isso com os dois empregos que tenho.

Sharon (escutando) Você acha que não faz metade das tarefas domésticas porque tem dois empregos. É isso?

Mike: Sim.

Neste exemplo vemos que *escutar* e *ser assertivo* caminham lado a lado. Escutar atentamente permite que você tenha certeza de ouvir o que a outra pessoa está dizendo. Quando você primeiro presta atenção para realmente escutar o que o parceiro diz, e depois reafirma o que o escutou dizer, estará provando para a outra pessoa que você a escutou com precisão. Antes de entrar na defensiva ou tornar-se agressiva em relação ao parceiro, tenha uma razoável certeza de que escutou corretamente a mensagem. Verifique isso escutando. A maior parte das discusssões escapa *do controle porque os parceiros não escutam direito o que foi dito e/ou interpretam mal.*

Os passos 1 e 2, ser assertivo e escutar, podem ser repetidos muitas vezes quando os casais extravasam seus sentimentos. Um regra básica para se seguir nesse estágio do conflito é: não reafirme seu argumento antes de escutar seu parceiro e refletir bem sobre o que ele falou. Depois disso, você pode concordar, discordar, expressar seu ponto de vista, etc. Enquanto você recordar esta regra simples, as linhas de comunicação entre vocês estarão abertas. Nesse vaivém entre ser assertivo e escutar o outro, você tem a oportunidade de demonstrar o que o incomoda e provar que entende como seu parceiro se sente. Repetidos quantas vezes forem necessárias, esses dois passos asseguram uma atitude calma, além de levarem ao terceiro passo na resolução de um conflito.

Passo 3: Definição do problema

Após afirmar como se sentem e escutarem os dois lados da história, os parceiros poderiam chegar a um acordo na definição do problema. A compreensão da idéia de *definição* do *problema* fica mais fácil se observarmos dois jeitos de identificar um problema. Este pode ser identificado em *termos comportamentais* (isto é, quem faz as tarefas do lar), ou em termos de *traço* ou *característica de personalidade* (isto é, você é uma dona de casa descuidada). *Regra geral, é melhor definir o problema em termos específicos de comportamento do que em termos de personalidade de uma ou outra pessoa.* Quando define o problema em termos da personalidade do outro (isto é, "Você não me leva em consideração", "Você é desatencioso", "Você só se preocupa consigo próprio", você deixa o parceiro na defensiva ou irritado com você. Argumentos contraproducentes comumente geram uma resolução não saudável ou inútil. Retomando o exemplo de Sharon e Mike, eles podem definir seu problema como tarefas domésticas (que *não é* um traço de personalidade) e especificar por quantas tarefas cada um será responsável. Uma vez definido o problema a contento de *ambos*, o casal pode mover-se para o passo 4.

Passo 4: Encontrar soluções satisfatórias

Para entrar neste estágio de resolução de problemas você tem de estar relaxado e confortável consigo e com o parceiro. A meta básica neste estágio é criar tantas soluções quanto for possível. Voltando ao exemplo de Sharon e Mike, eles geraram uma lista de soluções possíveis para o problema das tarefas domésticas:

1. Mike faz todas as tarefas (idéia de Sharon).
2. Sharon faz todas as tarefas (idéia de Mike).

3. Ninguém faz as tarefas.
4. As tarefas são divididas meio a meio.
5. Sharon faz a maior parte até que Mike deixe seu segundo emprego em seis semanas. Depois disso, dividem-nas meio a meio.
6. Contratam uma empregada para fazer as tarefas.

Neste quarto passo, o que se quer é simplesmente gerar idéias, sem avaliá-las. A avaliação de cada idéia, neste caso, interrompe o fluxo de sugestões. A razão disso é óbvia: assim que uma de suas idéias for criticada, você deixará de criá-las. Então, criem o máximo de idéias possível. O tempo para avaliação vem depois (processo de *brainstorming*).

Passo 5: Optando por uma solução

O quinto e último passo vem depois de você ter desenvolvido uma lista tão longa e completa quanto possível. Agora retorne à lista para encontrar uma ou duas idéias com as quais trabalhar, e verifique se pode concordar com elas. Esse passo requer a arte da conciliação e a vontade de encontrar uma solução plausível. Os dois parceiros devem perceber que não conseguirão tudo o que querem. No caso de Mike e Sharon e as tarefas domésticas, eles decidiram por uma combinação de duas idéias geradas. Concordaram que Sharon teria mais responsabilidades por seis meses, até que Mike saísse do segundo emprego. Depois dividiriam as tarefas meio a meio. Também contratariam uma empregada nesses seis meses para auxiliar Sharon, de forma que ela não se sobrecarregasse demais. Mike pagaria o salário da empregada. Mike e Sharon encontraram uma solução com a qual ambos poderiam viver. AMBOS GANHAM.

Quando os inevitáveis conflitos que aparecem são resolvidos dessa forma, os parceiros sentem-se bem consigo mesmos e têm pouco ou nenhum ressentimento. Na verdade, tornam-se mais próximos enquanto casal. Resumindo os cinco passos para atingir um resultado positivo — AMBOS GANHAM, temos:

1. Seja assertivo (manifeste francamente seus sentimentos, não ataque o parceiro).
2. Escute (tenha certeza de escutar como seu parceiro se sente).
3. Defina o problema (em termos comportamentais).
4. Gere uma lista de alternativas (muitas delas, e sem avaliá-las).
5. Escolha uma solução (encontre uma solução que os dois aceitem bem).

Lidando com uma crise

Esta seção sobre resolução de conflitos visa fornecer subsídios para a resolução dos conflitos contínuos, diários, que todos os casais enfrentam. Porém, de vez em quando, muitos casais passam por uma crise no relacionamento. Um parceiro pode ameaçar terminar o relacionamento ou, de fato, terminá-lo. Numerosos fatores podem desencadear uma crise de um casal.

John e Cheryl namoravam há vários anos e planejavam casar-se. Cinco meses antes de vir para aconselhamento, John tinha sido despedido de seu emprego no ramo de construção. Nos meses seguintes, passava o tempo ocupando-se com pequenas tarefas domésticas, bebia mais e ficava cada vez mais deprimido. Uma noite, após John ter bebido muito, ele e Cheryl discutiram. Em suas discussões normais, costumavam falar alto e brigar, e em seguida iam para seus apartamentos para esfriar a cabeça. Dessa vez, entretanto, John, bêbado, frustrado e com raiva, agrediu-a fisicamente. Ela precisou de tratamento de emergência no hospital em conseqüência de vários cortes e ferimentos. Durante três anos de relacionamento John nunca a havia espancado, e muito menos machucado fisicamente.

Esse infeliz incidente precipitou uma crise em seu relacionamento. Cheryl sentiu raiva, mágoa e medo em relação a John. "Ele demonstrou que pode ser um monstro." John sentiu remorso e culpa pelo seu comportamento e não conseguia entender como havia feito algo assim.

Para trabalhar uma crise, o casal precisa primeiramente entender o que a causou. Nesse caso, o fato de John ter sido despedido e sentir-se improdutivo na vida foram fatores que contribuíram para o abuso físico de sua namorada. John precisava entender por que se comportara assim, para que se controlasse no futuro. Também precisava começar a se perdoar para aliviar um pouco de sua avassaladora culpa. Cheryl precisava compreender a recente depressão de John em termos de suas dificuldades com emprego. Com o tempo, também, ela teria de se permitir confiar novamente nele e perdoá-lo.

Ambos precisavam trabalhar intensamente no relacionamento para garantir que um incidente semelhante não ocorresse novamente. Em algumas crises, os casais precisam buscar ajuda profissional para garantir a possibilidade de uma resolução positiva. Lidar com uma crise exige paciência, compreensão e a determinação de trabalhar intensamente no relacionamento.

Resumo

Conflitos, brigas e discussões são parte inevitável de uma relação amorosa. Um casal raramente pode dizer "Nós nunca brigamos". A maior parte deles tem brigas e as terá no futuro. O ponto crítico não é o fato em si de brigarem, mas *como* brigam. Se aprenderem a brigar de modo justo e honesto, a maior parte de suas diferenças poderá ser resolvida de uma maneira democrática do tipo AMBOS GANHAM. Nosso modelo de resolução de conflitos demanda um comprometimento de ambos na aceitação da raiva e na partilha de sentimentos de modo assertivo, bem como o acompanhamento dos cinco passos de resolução de problemas. Assim como com as outras áreas discutidas até agora, a resolução vitoriosa de conflitos aproxima os casais e é um investimento em relações fortes e mais saudáveis.

5

Como desenvolver a intimidade emocional

Até agora, analisamos os sentimentos de amor, habilidades de comunicação interpessoal, compatibilidade sexual e métodos de resolução de conflitos. Neste capítulo e no próximo abordaremos o tema da amizade. Os parceiros devem ser amigos, além de amantes. O sentimento de amor diminui um pouco com o tempo: logo a atração sexual em geral não é tão forte e intensa quanto no início do relacionamento. A realidade diária de um relacionamento (emprego, filhos, tarefas domésticas, contas) elimina um pouco do "calor" do relacionamento. Se os parceiros aprenderem a ser amigos íntimos, todavia, poderão fortalecer seu relacionamento e se darem reciprocamente maior satisfação.

Dois elementos da amizade

Acredito que a amizade pode ser melhor entendida se for dividida em duas amplas áreas. Um aspecto da amizade relaciona-se à intimidade. Intimidade significa compartilhar de si como pessoa, sentir-se livre para ser quem realmente é, sem fingimento ou presunção. Esse aspecto da amizade permite compartilhar mais com outra pessoa. Amigos compartilham seu lado mais vulnerável, aqueles aspectos da personalidade ou do comportamento que não sabem ao certo se aceitam ou apreciam. Amigos também compartem de seus aspectos mais positivos, sucessos, realizações e alegrias. É a liberdade de compartilhar íntima e profundamente que torna as pessoas amigas.

Um segundo aspecto da amizade diz respeito a divertir-se com alguém, poder brincar com o outro, ser capaz de relaxar e se divertir e passar um tempo positivo e agradável com o outro. Quando criança, você se divertia com seus amigos andando de bicicleta, nadando, brincando de esconde-esconde, costurando ou brincando de guerra. Como pessoa adulta, conversa, veleja, vai ao cinema, joga tênis, faz amor. Essas duas áreas, a capacidade de ter intimidade e a capacidade de se divertir em companhia do outro compõem a substância da amizade. Neste capítulo exploraremos a área da intimidade emocional, e, no seguinte, examinaremos diversão e brincadeiras. Nosso objetivo é entender como os parceiros podem tornar-se mais próximos num nível emocionalmente íntimo e aumentar a freqüência de bons períodos juntos. O resultado disso será a construção de uma amizade mutuamente gratificante.

O que é intimidade emocional?

Como afirmamos anteriormente, intimidade emocional diz respeito à capacidade de ser aberto e honesto e de se expor totalmente ao parceiro, ser capaz de compartilhar todas as facetas da vida. Portanto, um lado da intimidade é ser capaz de ser você mesmo. O outro, é ser capaz de aceitar seu parceiro da forma menos crítica possível. Se puder alcançar essas duas coisas, sentirá um vínculo próximo, amoroso e aconchegante com seu parceiro.

Como nos tornamos íntimos?

Compartilhar e aprender sobre o parceiro como pessoa conduz à intimidade. Como conseguir realizar essa meta? Que passos específicos podem ser dados para uma maior aproximação ao parceiro? Para aprender a ser íntimo é necessário primeiro um *compromisso* de ser íntimo, estabelecendo isso como uma meta pessoal sua. Esse compromisso, na prática, siginifica querer correr o risco de ser você mesmo. Para isso, você precisa se conhecer e aceitar como pessoa. Para muitos, compartilhar pode ser um empreendimento amedrontador, pois tem de encarar o fato de que o parceiro pode não gostar de alguns de seus aspectos. Por isso, estariam expostos a desaprovações e, às vezes, à rejeição.

Você ainda deve comprometer-se a conhecer e satisfazer as necessidades do parceiro. Isso requer tempo, paciência, esforço, e alguns sacrifícios de sua parte.

O que fazer para compartilhar e atender às necessidades do parceiro? Além do compromisso com a intimidade, você necessitará de habilidades específicas para conseguir um laço amoroso com ele. No capítulo 2 examinamos duas habilidades interpessoais (*dar e ser assertivo*), essenciais à criação de um relacionamento afetivo vitorioso. Vimos no último capítulo que a asserção desempenha um papel crítico na habilidade de resolver problemas democraticamente. Agora veremos como essas e outras habilidades o ajudarão na formação de um relacionamento mais íntimo. Como deve lembrar-se, as habilidades de asserção permitem que você defenda seus próprios interesses e evite que outros levem vantagem sobre você. A capacidade de *dar*, por outro lado, possibilita que você satisfaça as necessidades dos outros. Essas habilidades não apenas são críticas na estruturação de um relacionamento bem-sucedido, mas, uma vez este iniciado, permitem-lhe aprofundá-lo. Além das habilidades de dar e de ser assertivo, outras duas habilidades ajudarão a estabelecer um relacionamento mais íntimo com seu parceiro. São as habilidades de se revelar e de ser um bom *ouvinte*. Vamos começar com a primeira.

Revelação do eu

O "eu" é o lado subjetivo de cada indivíduo — seus pensamentos íntimos, sentimentos, fantasias, valores, devaneios e necessidades. Em resumo, é a pessoa interior que não se encontra automaticamente disponível para um ser amado, ou para ninguém. De fato, os outros podem saber o que se passa dentro de você ou fazendo inferências a seu respeito ou quando você partilha de seu "eu" com eles. Esse processo de compartilhar com alguém é denominado revelação do eu.

A revelação do eu é um importante meio de estabelecer intimidade num relacionamento. Trata-se do melhor modo de passar ao parceiro um quadro preciso de quem você é como pessoa. Dificilmente um relacionamento é estabelecido sem que se conheça bem o outro. Essa revelação do eu também é um meio de você se conhecer melhor. Ao compartilhar coisas suas com alguém que você ama, tem início um melhor entendimento de si próprio. Pesquisas também mostram que a capacidade de se revelar relaciona-se com uma personalidade saudável e um conceito próprio positivo.

A revelação do eu varia em natureza, indo desde um leve envolvimento, com ausência de riscos pessoais, até algo muito íntimo e pessoal. Conversas sobre *hobbies*, tempo ou sobre quem vencerá o campeonato envolvem pouco ou nenhum risco. A discussão de temas mais íntimos, como um problema pessoal, um fracasso doloroso, medos, esperanças e aspirações, é mais reveladora do seu verdadeiro interior.

Quando se compartilha num nível mais profundo, os riscos parecem maiores. Doerá mais ser rejeitado ou ignorado por alguém. As compensações também aumentam, entretanto, pois essa partilha cria um vínculo afetivo entre homens e mulheres. Quando você se reprime e não compartilha num nível íntimo, acaba apenas por representar papéis para o parceiro, ocultando-se atrás de uma fachada que em geral leva à desonestidade e à decepção. A revelação do eu, portanto, consiste em uma habilidade interpessoal que todos devem desenvolver a fim de se tornarem mais íntimos com os parceiros.

Talvez você queira experimentar um exercício com seu parceiro, reservando uma hora por dia, durante algumas semanas para praticar a revelação do eu. O objetivo dessa hora é escolher diferentes temas de interesse individual e mútuo e alternar a expressão de seus sentimentos em relação a eles. Os temas podem ser de sua escolha; alguns casais escolheram tópicos tais como política, preferências sexuais, objetivos de carreira e atitudes para com os pais. Simplesmente selecione temas relevantes para vocês dois. A meta não é julgar a si ou ao parceiro, mas, escutar e compartilhar sentimentos e idéias.

Pode ser mais fácil verificar a importância de uma revelação do eu honesta e íntima se observarmos a seguinte história. Ron e Laura estavam casados há um ano e meio quando vieram para aconselhamento. Laura descrevia seu problema como sendo uma falta de proximidade entre ela e Ron. Durante seu namoro de oito meses, tudo havia sido ótimo. Ela e Ron conversavam o tempo todo e compartilhavam todos os aspectos de suas vidas, conta ela. Apreciavam a companhia um do outro e se divertiam muito juntos — pescaria, boliche, jantar fora. O que principalmente levou-a a se apaixonar por Ron e desejar casar-se com ele, disse, foi o tempo que passaram juntos conversando e compartilhando. Seis meses após o casamento, contudo, Laura afirmou que não tinham mais longas conversas. Ron assistia à televisão enquanto Laura costurava ou lia, na maioria das noites. Quando tentava conversar com ele, ele se afastava, dizendo que estava cansado por causa do trabalho e que queria apenas relaxar e ficar só. Este tornou-se o padrão no seu casamento: Ron assistia à televisão e Laura era deixada só. Inicialmente, ela discutiu e brigou com Ron, esperando mudar seu comportamento, mas ele via sua atitude como ranzinza e apenas se afastava mais. Finalmente Laura desistiu e também afastou-se para dentro de um silêncio tempestuoso.

Ron afirmou que ele também tinha sido muito feliz durante o namoro, e que, nesse período, esteve muito próximo de Laura. Acrescentou que, embora a amasse, gostava de passar bastante tempo sozinho. Estava feliz e contente de estar só, e assistir à televisão era seu modo favorito de estar sozinho. Ron ficou muito desconcertado com a explosão de raiva de Laura contra seu hábito de assistir a televisão. Desaprovava tanto brigas e discussões que se afastava, vendo esse afastamento como sua única defesa. Isso resultou em sentimentos de raiva e mágoa por parte dos dois e numa perda da proximidade que anteriormente haviam sentido no relacionamento.

Como ficou claro, Ron temia brigas, e os estágios iniciais da terapia foram direcionados a ajudá-lo a lidar mais diretamente com sua raiva. Como resultado, Ron e Laura aprenderam a lidar de maneira mais aberta e honesta com seus conflitos. Ron ainda era uma pessoa fechada, contudo. Sua história mostrava um ambiente familiar permissivo e negligente, no qual as crianças podiam ter muita liberdade e agir como queriam. Sua família não era particularmente próxima ou aberta, e Ron tinha pouca experiência nessa área. Durante seu namoro com Laura, os sentimentos fortes do amor romântico motivaram Ron a se revelar mais do que em qualquer outro período de sua vida. Agora que o amor romântico se desgastara, porém, e eles eram "verdadeiramente casados", Ron reassumira seu antigo estilo de guardar tudo para si. A revelação do eu deixava-o desconfortável.

Inicialmente, foi difícil para Ron abrir-se e compartilhar tanto na terapia quanto com sua esposa. Um contrato elaborado pelo casal durante a terapia auxiliou-os imensamente. Durante várias noites da semana Ron poderia assistir a televisão e ficar só. Não teria de se sentir culpado ou sentir que estava contrariando Laura com isso. Essas noites eram seu tempo de estar só e se divertir. A outra parte do contrato obrigava que Laura e Ron passassem uma noite juntos (sem televisão), conversando, preparando o jantar juntos, tomando um vinho. Serviria para relaxarem, se divertirem juntos e se conhecerem um pouco melhor.

No princípio, Ron sentiu-se esquisito e desconfortável durante essas noites com Laura, não sabendo sobre o que conversar além dos assuntos de trabalho e domésticos. Por outro lado, Laura conseguia compartilhar facilmente. Vinha de um lar afetuoso e íntimo, em que as pessoas conversavam muito sobre suas vidas. Conseqüentemente, Laura já estava confortável com a revelação do eu e era capaz de ser um bom modelo para Ron. Com o tempo, Ron começou a se descontrair e compartilhar num nível mais pessoal. Para sua surpresa, descobriu que Laura não apenas se interessava por ele como também aceitava-o sobremaneira. Ao revelar mais de si, Ron descobriu que estava mais em contato consigo e entendia melhor a si próprio, e, num período de quatro a seis meses, o relacionamento de Ron e Laura mudou e evoluiu. Ron provavelmente nunca será tão aberto e expansivo quanto Laura — mas seu relacionamento está muito diferente agora e ambos estão mais felizes.

Neste exemplo vemos que a revelação do eu num nível profundo satisfaz a necessidade que todos têm: a necessidade humana de aconchego e intimidade. Ao compartilhar o indivíduo geralmente aprende e entende mais sobre si mesmo, e se aproxima daqueles com quem se importa e ama. Muitos indivíduos, como Ron, assustam-se com essa partilha, temendo não ser aceitos ou temendo até ser rejeitados. Algumas vezes, esses medos têm base real. Quando criança, talvez tenha sido ignorado ou rejeitado por seu pai ou sua mãe; como adulto, talvez tenha sido "chamuscado" num relacionamento por alguém que amava. Essas experiências negativas, portanto, podem deixá-lo prevenido contra abrir-se e mostrar seus aspectos mais vulneráveis. Quanto mais você revelar de si ao seu parceiro, contudo, mais seu parceiro revelará sobre ele. E mais próximos vocês ficarão.

Aprender a escutar

Escutar, ver com os olhos do outro, e aceitar o parceiro são excelentes métodos de encorajar um parceiro a se revelar. No capítulo dois e no capítulo anterior, observamos que *escutar* era uma das habilidades úteis na formação de um relacionamento. Saber *escutar* permite-lhe conhecer o outro. Quando você realmente escuta alguém nos estágios iniciais de um relacionamento, descobre seus gostos, aversões e valores. Quando o relacionamento está estabelecido, ser um ouvinte eficaz perfaz várias funções, fortalecendo-o e tornando-o mais íntimo. Quando realmente escuta seu parceiro, você comunica seu interesse genuíno e seu cuidado. Demonstra que se importa, colocando seus interesses de lado e separando tempo para estar com o parceiro.

Ouvir também pode ser uma ferramenta terapêutica quando seu parceiro quer conversar sobre um problema pessoal e precisa que alguém o escute. Um ouvinte eficaz consegue curar as dores e mágoas inevitáveis da vida. Escutar seu parceiro também fará com que ele se sinta à vontade para se revelar.

Vamos utilizar um outro caso para ilustrar quão importante é no relacionamento a capacidade de escutar. Dick e Jenny são casados há vinte anos e têm três filhos adolescentes. Dick é um homem de negócios bem-sucedido e Jenny foi dona de casa durante a maior parte do casamento. Nos últimos anos, com a independência dos filhos, passou a trabalhar meio período como voluntária num hospital. Por insistência de Jenny, Dick e ela vieram para a terapia. Eles viam terapia como o último recurso, pois Jenny já havia entrado com o pedido de divórcio. Até então, Dick resistira a ter aconselhamento terapêutico, sentindo que seria tempo perdido. Mas agora, assustado com o pedido de divórcio, viera espontaneamente para o tratamento. Declarou que realmente queria permanecer casado com Jenny.

Dick veio de um lar onde se enfatizavam as realizações. Era trabalhador, como o pai, e quase sempre tirava a nota máxima nos estudos, até o final do curso superior. Tornou-se bem-sucedido nos negócios devido à sua dedicação à carreira. Trabalhava até tarde no escritório e sempre trazia trabalho para casa. Acreditava em disciplina rígida com os filhos; seria considerado autocrático por vários padrões. Embora declarasse amar Jenny, passava pouco tempo com ela e parecia estar pouco ciente das necessidades emocionais dela.

Jenny cresceu num ambiente familiar que oferecia mais apoio do que o de Dick. Era ligada aos pais e irmãos. Sempre apoiara a carreira de Dick, ainda que seu casamento tivesse menos importância que os interesses e carreira dele. Nos últimos anos, porém, com a independência dos filhos e seu retorno à vida profissional, começou a sentir que Dick não preenchia suas necessidades emocionais. Sua maior queixa contra Dick era o fato de ele ser "tão não emotivo"; uma conversa com ele era como uma reunião de negócios — realista, direta e curta. Dick parecia nunca ter tempo para relaxar e apenas conversar. Em termos das habilidades interpessoais que exploramos, Dick tinha facilidade em ser assertivo; na verdade, tendia a ser agressivo. Revelava-se, mas de uma maneira não emotiva. Sabia dar, mas geralmente eram presentes não desejados pelas pessoas, que em geral não os queriam ou não precisavam deles. Seu maior problema era sua incapacidade de ouvir e realmente escutar os outros. Dick gostava de tomar decisões por si e pelos outros; se não surgissem objeções, seguia em frente, fazendo o que queria. Como Jenny era um pouco passiva, Dick em geral controlava tudo.

Parte do tempo da terapia foi dedicado a ensinar a Jenny algumas habilidades básicas de asserção, para que se sentisse mais equilibrada em relação ao marido. Precisava aprender a fazê-lo conhecer seus desejos, para que conseguisse tê-los satisfeitos mais freqüentemente. O foco central da terapia para Dick foi ajudá-lo a aprender a escutar os outros. Ensinar-lhe habilidades específicas de escutar, especialmente o escutar para facilitação (refletir os sentimentos e a essência da mensagem de alguém), foi relativamente simples; Dick era brilhante e aprendia rapidamente.

Complicado era fazê-lo praticar e aplicar a habilidade de escutar para facilitação. Ele simplesmente queria dar conselhos aos outros e continuar com sua vida. Com o passar do tempo, porém, aprendeu a ser mais calmo e paciente. Também aprendeu a escutar sua esposa e seus filhos. Os resultados foram graduais, mas significativos; Dick começou a ouvir o que outras pessoas lhe diziam.

Um incidente ocorrido vários meses após Dick ter iniciado a prática de suas habilidades de escutar ilustra a importância dessa habilidade no desenvolvimento da intimidade. Jenny se cansara de seu trabalho voluntário mas não conseguia decidir o que fazer. Estava num grande conflito interior, tentando resolver se deveria ter qualquer emprego e, se sim, de que tipo. No passado, quando Jenny tinha problemas, Dick a ignorava ou, com seu modo áspero, dava-lhe alguns conselhos apressados e superficiais. Desta vez, porém, sentou-se e realmente escutou-a. Escutou Jenny expondo seu medo de procurar emprego pela primeira vez em vinte anos, suas dúvidas sobre sua adequação em sua área de realização e sua confusão sobre o tipo de trabalho ou estudo que deveria buscar. Pela primeira vez em muito tempo, Jenny sentiu que Dick a escutava. Ele também sentiu que realmente ouvia e que dava apoio a Jenny. Esse incidente e outras interações semelhantes durante certo tempo, aproximaram os dois. Dick tornou-se menos autocrático com as crianças e mais sensível às necessidades emocionais da esposa. Com o tempo, Dick contou que se sentia melhor com a família e que, além disso, estava começando a conhecer seus membros como pessoas. Também relatou que percebia sentimentos afetivos em maior quantidade e mais profundos para com a esposa e os filhos. Jenny aproximou-se de Dick também, e sentiu que ele estava mais ciente de suas necessidades e sensível a elas. Não houve nenhuma mudança importante na personalidade de Dick, mas seu aprendizado do Escutar, adicionado à aquisição por parte de Jenny de algumas habilidades de asserção, ajudou-os a se relacionar mais eficazmente entre si.

Dar — *revelar-se* e *escutar*

O *escutar* eficaz e o genuíno *revelar-se* aproxima os parceiros. Essas habilidades melhoram a comunicação e a compreensão. Aprender a *dar*, assim como *revelar* o eu e *escutar*, também propicia relacionamentos mais afetivos e próximos. No capítulo dois introduzimos o conceito de *dar* e discutimos seu papel num relacionamento. Vimos que o *dar* e a capacidade de *ser assertivo* constituem habilidades necessárias para o desenvolvimento de uma relação amorosa bem-sucedida. A prática dessas duas habilidades permite que as pessoas satisfaçam suas próprias necessidades e as do parceiro. *Dar* e ser *assertivo* facilita o estabelecimento de um relacionamento saudável e equilibrado e em que cada indivíduo reforça a eficácia do outro.

Os casais acham mais fácil *dar* eficazmente quando sabem o que o outro quer ou do que precisa. Se você quer algo de seu parceiro — uma noite sem os filhos, tempo para conversar, um favor especial — tem de revelar essas necessidades. Com demasiada freqüência, os indivíduos esperam que o parceiro seja um leitor de mentes. Se você apenas insinua algo ou, pior ainda, apenas espera algo sem dar nenhuma indicação de seu desejo, raramente receberá os presentes e favores que quer. Precisamos ser assertivos e capazes de nos expor, senão outros terão dificuldades em nos satisfazer.

Quando você se dá de maneira eficaz, seu parceiro se expõe e você tem de escutar e reagir. Novamente, vamos ilustrar com um exemplo.

Todd e Tina estão casados há seis anos e têm dois filhos pequenos. Todd é professor e Tina é conselheira. Têm dois problemas básicos: o primeiro, dificuldade de brigar de forma justa. Lidam com a própria raiva de maneira passiva, não assertiva e indiretamente agressiva, reprimindo amor e favores entre si. Esse comportamento gerou um segundo problema: nenhum deles se dá de forma livre e aberta ao outro. Incapazes de lidar com o conflito de maneira eficaz, e não sendo capazes de se dar, estão frustrados e solitários no casamento. Ambos precisavam treinar a lidar com o conflito mais assertivamente; as sessões iniciais de terapia foram dedicadas a esse aspecto.

À medida que Todd e Tina se tornavam mais honestos um com o outro, começaram a se sentir mais próximos e a confiar mais no relacionamento. Mas, nos últimos anos, por não terem lidado diretamente com sua raiva, haviam se valido de maneiras indiretas de punir um ao outro. Esses métodos geralmente envolviam reprimir amor e não dar o que o outro queria. Nesse contexto, Tina engordara bastante e passara a ter pouco interesse em sexo. Esse aumento de peso e a sua falta de interesse sexual irritaram Todd. Todd também começou a reprimir a afeição. Parou de se dar a Tina, deixando de fazer aquelas pequenas coisas de que ela gostava, como lembrar seu aniversário ou o aniversário de casamento deles.

Aprender a dar significa suprir as necessidades do outro. O tipo de dar desse casal havia sido o dar por obrigação, que apenas gerou mais frustração e ressentimento. Agora precisavam aprender o dar pagando na mesma moeda (veja capítulo dois). Cada um precisava se empenhar ativamente na satisfação das necessidades do outro, ao mesmo tempo cobrando a satisfação de suas próprias necessidades. Em três ou quatro meses, Tina perdeu peso e recuperou seu interesse em sexo. Como resultado, Todd sentiu que Tina fazia algo que ele desejava, e sentiu-se querido. Todd também aprendeu a se dar a Tina, reservando tempo para satisfazer suas necessidades emocionais, incluindo lembrar-se das datas especiais para ela e comemorá-las. Como resultado Tina sentiu-se apreciada e valorizada. O dar do tipo pagando na mesma moeda conduziu-os, com o tempo, à confiança mútua e ao compromisso. Conseqüentemente, conseguiram começar a se dar de coração.

Houve um resultado duplo nesse caso: primeiro, eles aprenderam que dar gera dar. Quanto mais livremente se davam, mais confortáveis se sentiam um com o outro. Segundo, descobriram que quando davam ao outro algo que consideravam importante, ambos se sentiam apreciados e importantes. Começaram a se sentir especiais e significativos na vida do outro.

Resumo

Dar, reservar tempo para ouvir, e a genuína revelação do eu são três elementos que ajudam a estabelecer uma ligação íntima entre os parceiros. Quando casais praticam essas habilidades de modo sincero e honesto, tornam-se mais próximos e mais profundamente envolvidos. A prática dessas habilidades cria um ambiente no qual os parceiros podem conhecer-se num nível mais profundo, íntimo e significativo.

6

Como desenvolver momentos positivos a dois

Introdução

No capítulo anterior vimos que a amizade com o parceiro cresce com a evolução da capacidade de conseguir intimidade emocional. Um grande esforço é requerido para se atingir essa intimidade, que envolve arriscar-se e ser mais vulnerável em nível pessoal. Agora queremos examinar um outro aspecto da amizade: divertir-se e apreciar o parceiro.

O conceito de tempo sem conflitos

Ser amigo significa, entre outros aspectos, passar um tempo positivo, agradável com a pessoa amada. Para ter um relacionamento feliz, você deve apreciar estar com o parceiro e realizar atividades agrádaveis com ele. Uma condição prévia para se passar um tempo agradável, tanto só como na companhia de alguém, é a ausência de problemas em sua vida, num certo período. Ou seja, nesse tempo nenhum de vocês deverá estar passando por qualquer dificuldade presente na vida pessoal (isto é, não deverá estar aborrecido, triste, deprimido, nem preocupado), e um aceita o comportamento do outro (isto é, não interfere na satisfação das necessidades do outro). Nesse contexto, o relacionamento está livre de conflitos. Tempo livre de conflitos é a chave para se passar bons períodos juntos.

Tipos de tempo sem conflitos

O tempo que os casais podem despender bem, sem problemas e suprindo suas necessidades de diversão/brincadeiras e lazer classifica-se em três categorias: *tempo individual, tempo qualitativo e tempo difuso.*

Tempo Individual. Este refere-se aos momentos em que você está só, afastado dos outros. É o tempo sozinho, longe dos outros dedicado a atividades que são interessantes, relaxantes e gratificantes. Cada pessoa o estrutura de maneira diferente. Entre essas atividades podem incluir-se leitura, passeios, artesanato, um intervalo para café, fantasias, desenho, corrida. As atividades do tempo individual podem variar enormemente, desde as puramente divertidas até as que envolvam crescimento pessoal e autorealização. O verdadeiro significado do tempo individual é que nele você satisfaz suas necessidade de tempo sozinho, longe do parceiro e de outras pessoas. Suas principais características são:

1. Os indivíduos se sentem realizados fazendo algo interessante, longe dos outros.
2. Durante esse tempo, há pouco ou nenhum contato entre os parceiros.
3. Ambos aceitam essa falta de contato.

O maior benefício do tempo individual é o de se constituir numa oportunidade de evitar a interação com outras pessoas. Como grande parte da vida é passada em interações humanas complexas, o retirar-se momentaneamente dessa constante interação pode ser prazeroso e assumir uma natureza regenerativa. Manter uma quantidade adequada de tempo individual também atende às suas necessidades básicas de entender a si próprio, de processar as atividades do dia, de se divertir e de descansar.

Parece que conseguir essa quantidade adequada de tempo individual é fundamental à sanidade mental. Com a falta dele, a pessoa começa a ficar tensa, incapaz de relaxar, ou sobrecarregada pelos acontecimentos do ambiente. Além disso, a insuficiência de tempo sozinha pode causar o aumento de impaciência, irritabilidade, raiva, etc. E, finalmente, a falta de tempo individual para estar a sós e refletir pode minimizar as oportunidades de se conhecer melhor.

Infelizmente, poucas pessoas voluntariamente arranjam oportunidades de tempo individual para si. Você entenderá melhor isso se rascunhar de cinco a dez coisas que gosta de fazer quando está só, completamente isolado. Em seguida, pergunte-se se está conseguindo tempo individual suficiente para elas. Além disso, investigue se existem outros modos possíveis de passar o tempo a sós ainda não experimentados, ou não devidamente aproveitados ultimamente porque estava ocupado demais. É importante recordar que tempo individual é algo necessário de forma constante.

Meu interesse por tempo individual surgiu há vários anos, quando liderava programas para pais e mães. Descobri que muitas mães jovens, em casa o dia inteiro com dois ou três filhos e à noite com os maridos, queixavam-se de jamais terem tempo para si. Para elas, ser mãe era um trabalho de vinte e quatro horas. Ensinar-lhes habilidades eficazes para lidar com os filhos não bastava. Após explicar-lhes o conceito de tempo individual e ter lhes pedido que registrassem o tempo livre da semana, descobri que tinham pouco ou nenhum tempo individual! Quando essas mães começaram a reservar tempo para si, fazendo coisas sozinhas, distantes dos filhos e maridos, afirmaram estar mais relaxadas e mais confortáveis consigo mesmas. Também relataram que parecia mais fácil lidar com as dificuldades diárias com os filhos.

As atividades escolhidas por essas jovens mães eram, em geral, muito simples, tais como tomar um longo banho quente, andar de bicicleta, ler um livro ou tirar uma soneca. No entanto, trouxeram-lhes uma oportunidade de estar sós, e de "recarregar as baterias". Portanto, o tempo individual é uma necessidade para todos. Com freqüência as pessoas ficam tão ocupadas com trabalho, ou tão envolvidas em suprir as necessidades alheias, que se esquecem de reservar tempo para si. Isso é considerado um ato de egoísmo, que demonstra excesso de amor à boa vida. Você deve admitir que estar só é uma coisa normal e natural. Pode também ser necessário que seu parceiro coopere, especialmente se tem filhos. Cada membro do casal precisa de tempo para si. Essa pequena separação pode, ainda, levar cada um a apreciar mais o outro.

Se você não consegue uma quantidade adequada de tempo individual, freqüentemente torna-se uma pessoa irritada e mal-humorada com quem ama. Seu nível de tolerância é dramaticamente reduzido. Quando você encontra tempo para se dedicar a atividades agradáveis e gratificantes, não apenas torna-se mais fácil conviver com você, mas também você mesmo se torna uma pessoa mais feliz e satisfeita consigo própria. A quantidade necessária de tempo individual pode variar para cada pessoa. O essencial, entretanto, é que seja constante, e dedicado a atividades que você aprecia.

Tempo Qualitativo. O segundo tipo de tempo sem conflito é denominado *tempo qualitativo*. Se o tempo individual supre a necessidade de um indivíduo de solidão, crescimento pessoal e entretenimento SOZINHO, o tempo qualitativo irá ao encontro da sua necessidade de ESTAR COM ALGUÉM. É um momento para interagir com a pessoa amada de modo positivo, agradável; em resumo, de diversão a dois. O foco se concentra na QUALIDADE da interação e não na quantidade de tempo juntos.

O tempo qualitativo ocorre quando os dois parceiros aceitam um ao outro e realmente apreciam a companhia um do outro. Para uma melhor utilização desse tempo, é necessário afastar pensamentos impertinentes e se envolver de maneira significativa com o parceiro. Muitas podem ser as atividades escolhidas: conversar, fazer amor, andar de bicicleta, jogar, caminhar ou jantar juntos. Se ambos consideram-nas agradáveis e significativas, isso é tempo qualitativo. As principais características do tempo qualitativo são:

1. é uma interação entre DUAS pessoas;
2. os parceiros interagem entre si realizando uma atividade que AMBOS apreciam;
3. os parceiros suprem suas necessidades juntos, segundo os desejos de ambos;
4. ambos têm sentimentos de amor e cuidado um para com o outro e uma sensação de contentamento e satisfação para consigo mesmos;
5. os parceiros encontram-se totalmente envolvidos um com o outro, excluindo todo o resto. Ignoram pensamentos irrelevantes e distrações, focalizando o aqui e agora. Cada um recebe atenção integral do outro.

Um dos maiores benefícios do tempo qualitativo é que os dois parceiros suprem sua necessidade de contato humano e criam um caminho para a afirmação da individualidade. Outro benefício, é a criação de uma oportunidade de fortalecer o relacionamento, além de ser a melhor maneira de construir um relacionamento saudável e aproximar os parceiros. Finalmente, a existência do tempo qualitativo faz com que os inevitáveis conflitos que ocasionalmente aparecem sejam resolvidos mais facilmente.

Um exercício útil para praticar consiste em relacionar quatro ou cinco coisas que você fez com a pessoa amada nas últimas semanas, definidas como tempo qualitativo. Lembre-se de que o tempo qualitativo não é definido pela quantidade de tempo, mas pela qualidade da interação com o parceiro. Por vezes, uma conversa de cinco ou dez minutos é tempo qualitativo. Após elaborar a lista, tente determinar qual o fator de cada experiência que a tornou qualitativa para ambos.

Um outro exercício útil é relacionar as coisas que gostaria de fazer com o parceiro, que tenham natureza qualitativa, mas que você não fez ainda, ou não faz há muito tempo. Depois experimente fazê-las e verifique o que acontece. Esse exercício freqüentemente torna-se uma maneira de aumentar seu repertório de coisas a fazer.

Quanto mais tempo qualitativo positivo você passa com seu parceiro, mais vocês desenvolvem interesses em comum. Esses interesses levam vocês às coisas que podem fazer juntos. Os casais costumam iniciar um relacionamento tendo vários interesses individuais. Um homem pode apreciar jogar tênis e ir a jogos de futebol. Uma mulher, no início do relacionamento, pode apreciar costura, boliche e óperas. Cada um possui interesses individuais que proporcionam prazer e contentamento. Ao se envolverem, precisam criar interesses que possam compartilhar. Tais interesses aumentam suas oportunidades de tempo qualitativo. Talvez você adote um ou dois interesses do parceiro. Por exemplo, uma mulher pode aprender a jogar tênis para poder apreciar um esporte que o marido já pratica e aprecia há anos. Ou ele pode aprender boliche e passar a freqüentar o grupo com o qual ela joga há tempo. Em geral, parece que os casais preferem começar do zero, escolhendo atividades novas para ambos, para que as aprendam juntos. Um novo interesse elimina aquela possibilidade de um deles ser o "perito", que tem mostrar ao outro "como fazer", fato esse que freqüentemente gera situações de frustração e impaciência.

Meu interesse em tempo qualitativo, assim como meu interesse em tempo individual, cresceu a partir de meu trabalho com pais e mães jovens. Descobri que quando os pais passam tempo qualitativo com seus filhos, em atividades tais como ler juntos, jogar, lutar ou conversar, seu relacionamento melhora significativamente. Para que o tempo qualitativo seja eficaz, um pai tem de passar um tempo sozinho com *um* filho de cada vez, para que este consiga dele atenção integral. Além disso, a atividade tem de satisfazer a ambos. Por exemplo, o tempo gasto por um pai, aborrecido com um assunto do trabalho, empurrando a cadeira de balanço da filha, não seria qualificado como tempo qualitativo. Ao contrário, o pai teria de se encontrar ativamente envolvido na tarefa e divertir-se também. Descobri que, se esses requisitos de tempo qualitativo forem atendidos, vários efeitos positivos ocorrem. Por exemplo, as crianças que receberam uma quantidade suficiente de tempo qualitativo ficaram mais inclinadas a passar tempo a sós, longe dos pais. Esse tempo dava aos pais, especialmente às mães, intervalos necessários para tempo individual. Além disso, as crianças pareciam criar menos problemas do que anteriormente, e, se eles surgissem, eram mais facilmente resolvidos pois o tempo qualitativo despendido contribuíra para um relacionamento positivo entre pais e filhos. Finalmente, a qualidade geral do relacionamento pais-filhos melhorou.

Também treinei professores no uso do tempo qualitativo e obtive resultados semelhantes. Quando comecei a trabalhar com casais, descobri que muitos deles passavam muito pouco tempo qualitativo juntos. Os problemas do relacionamento ou apenas as controvérsias diárias da vida consumiam a maior parte do tempo que sobrava após o trabalho e com cuidar dos filhos. Da mesma forma que os professores e pais, os casais treinados em tempo qualitativo se aproximaram mais, e seu relacionamento melhorou.

A importância desse tipo de tempo pode ficar mais clara se examinarmos o que acontece quando as pessoas não conseguem suficiente tempo qualitativo. Todos os seres humanos necessitam de atenção e reconhecimento dos outros. Há três tipos básicos de atenção ou reconhecimento que recebemos ou damos: *atenção positiva, atenção negativa* ou *atenção nula*. A atenção positiva está correlacionada, de maneira geral, ao tempo qualitativo — você dá aos outros seu interesse positivo e envolvimento. A atenção negativa refere-se à sua reação negativa às pessoas que fazem coisas que o irritam. Por exemplo, quando você repreende uma criança, ela fez algo para conseguir sua atenção negativa. Sua censura é negativa e hostil, mas ainda é uma forma de atenção. Finalmente, existe atenção nula — simplesmente ser ignorado.

Todos preferem atenção positiva como primeira escolha; poucos gostam de ser ignorados por aqueles que amam. Em meu trabalho com professores, pais e casais, descobri que se as pessoas não conseguem suficiente tempo qualitativo (atenção positiva), rapidamente começam a buscar atenção negativa de um entre dois modos. O primeiro é, por exemplo, quando um filho, aluno ou parceiro inventa problemas para chamar sua atenção, tais como queixar-se de estar doente, não querer ir à escola ou estar deprimido por não ter o que fazer num certo dia. Está dizendo: "Por favor, venha conversar comigo". O segundo, quando o filho, aluno ou parceiro faz coisas que irritam respectivamente o pai, professor ou cônjuge, sabendo que esse comportamento negativo pode levar a uma explosão de raiva. Ainda que sua atenção seja bastante negativa, foi percebida como melhor do que ser ignorado. Portanto, todos necessitam de tempo qualitativo, ou criarão problemas para si ou para os outros, numa tentativa de conseguir algum tipo de tempo e atenção. Muitos casais brigam apenas para conseguir atenção do parceiro. Freqüentemente, quando os casais trabalham para aumentar seu tempo qualitativo positivo, suas discussões e brigas diminuem sensivelmente.

Tratei de muitos casais que sentiam que seus problemas de relacionamento eram graves, e que havia pouco a fazer para melhorar a situação. Em geral, solicito a esse tipo de casal um gráfico do tempo qualitativo que têm semanalmente. É surpreendente o número de parceiros que passam pouco ou nenhum tempo qualitativo juntos, fazendo coisas que ambos apreciam. Em geral, quando passam a fazê-lo, muitos de seus problemas desaparecem rapidamente. Não estou sugerindo que o tempo qualitativo seja uma panacéia para todos os conflitos de casais, mas que pode ser bastante útil em aproximar os parceiros. Em resumo, o Tempo Qualitativo é parte essencial de qualquer relacionamento, especialmente no relacionamento amoroso. Aproxima os parceiros e ajuda a criar um vínculo de amizade entre eles.

Tempo Difuso. Enquanto o tempo individual é gasto ISOLADAMENTE, e o tempo individual em COMPANHIA, o *tempo difuso* se caracteriza por um ENVOLVIMENTO PARCIAL com seu parceiro. Significa dar menos do que sua atenção integral a outra pessoa. Na verdade, ele acontece quando você faz duas ou mais coisas simultaneamente; tenta suprir suas necessidades e as do parceiro ao mesmo tempo. Por exemplo, você poderia estar cozinhando, atividade que aprecia, e conversando com o parceiro, outra atividade que você aprecia, ao mesmo tempo. Está tentando, portanto, satisfazer as necessidades de ambos ao mesmo tempo. O tempo difuso é uma das maneiras mais comuns de se passar o tempo. Durante o tempo difuso, você pode engajar-se em mais de uma atividade, sem ter que dar a ninguém sua atenção total, não dividida. Qualquer pessoa pode estar trabalhando num projeto e simultaneamente sonhar com alguma outra coisa. Que homem não assistiu a uma partida de futebol enquanto conversava distraidamente com o amigo? Qual mãe não preparou o jantar ao mesmo tempo em que escutou as reclamações do filho sobre aquele dia na escola?

O tempo difuso, diferentemente do tempo individual e do qualitativo nem sempre é positivo. A interação com o parceiro por meio de tempo difuso pode ou não satisfazer um dos dois ou os dois. Ele satisfaz quando não se está carente de tempo gasto só, ou da densidade do tempo qualitativo.

Em certas ocasiões, contudo, esse tipo de relacionamento torna-se insatisfatório para você ou para seu parceiro. Freqüentemente, numa interação dessas, a pessoa não está totalmente envolvida ou em contato total com o outro. Se algum dos dois sente necessidade de uma comunicação mais completa, essa situação se revela insatisfatória. Por exemplo, quando um marido conversa com a esposa e dá atenção às crianças ao mesmo tempo, ela pode ficar irritada e frustrada, se naquele momento precisa de sua atenção total. Se as necessidades de um homem ou mulher não estão sendo supridas, esse tipo específico de interação não mais será um tempo livre de conflitos.

As principais características do tempo difuso são:

1. Um homem e uma mulher estão interagindo.
2. Um ou ambos estão ocupados com duas ou mais atividades simultaneamente.
3. Conseqüentemente, estão *parcialmente* envolvidos entre si.
4. Esse envolvimento parcial pode ser aceitável ou inaceitável, para um parceiro ou ambos.

O tempo difuso é uma das maneiras mais comuns de se passar o tempo num relacionamento. Pode ou não ser satisfatório, dependendo de suas necessidades do momento. Sua principal característica é a de que você apenas dá atenção parcial ao parceiro, enquanto faz várias outras coisas.

Resumo

Seu principal objetivo deve ser o de aumentar o tempo qualitativo e o tempo individual. Como conseqüência da obtenção de um bom tempo qualitativo com seu parceiro, estabele-se um relacionamento interpessoal mais estreito. O tempo qualitativo traz a ambos a oportunidade de se conhecerem melhor, de construir um relacionamento mais positivo e alegre e de se tornarem amigos.

2ª Parte

Relações amorosas neuróticas

7

O relacionamento contraproducente

Introdução

Na Parte Um deste livro, observamos as habilidades que os casais precisam desenvolver para estabelecer um relacionamento compensador e feliz. Quando os parceiros não conseguem suprir suas necessidades como casal, provavelmente é porque estão desenvolvendo um relacionamento neurótico, gerador de seu próprio malogro.

O objetivo deste capítulo é explorar e entender as principais características do relacionamento malsucedido. Ao entender as importantes variáveis de um relacionamento desse tipo, a pessoa pode empregar métodos construtivos para transformá-lo. Comecemos examinando como se desenvolve um relacionamento contraproducente.

Amor-próprio insuficiente

Se um ou os dois parceiros ainda não aprenderam a amar a si próprios, o relacionamento trará mais prejuízos do que compensações. Em vez de crescerem como indivíduos e como casal, tornam-se reprimidos e infelizes em suas vidas.

Aqueles que têm uma opinião excessivamente modesta a seu próprio respeito tendem a recorrer aos outros para conseguir aprovação. Se o indivíduo ama a si próprio, deseja amor e aprovação dos outros, mas isso *não é* uma necessidade fundamental para o seu senso de amor-próprio ou de identidade. No entanto, se ainda não aprendeu a amar a si próprio, estará inclinado a acreditar que *tem de ter* a constante aprovação e confirmação dos outros. Quando não consegue essa aprovação, não se sente bem como pessoa. Seu senso do eu está ameaçado. O que acontece a seguir é que ele fica mais nas mãos dos outros do que nas suas.

Essa falta de amor-próprio tem várias conseqüências. A primeira delas é que você se torna mais *dependente* dos outros. Admira-o, considerando-o mais poderoso, sábio, capaz, e em geral mais adaptado que você. Coloca-o num pedestal e o vê como uma fonte de força. Quanto mais forte você imagina que alguém seja, mais fraco você se torna. Após algum tempo o relacionamento estará desequilibrado, com o parceiro demasiadamente dependente julgando-se cada vez menos capacitado e ao outro mais forte e poderoso. Por sua vez, esse tipo de percepção leva o parceiro dependente a se tornar ainda mais dependente e incapaz. Além do mais, embora parceiros dependentes amem e admirem seus parceiros "mais fortes", eles desenvolvem concomitantemente um intenso ressentimento proveniente dessa mesma dependência.

Um segundo resultado de não amar a si próprio é o medo de ser seu *eu real* com as pessoas. Por você não se aceitar, achará que os outros tampouco o farão. Assim, em vez de compartilhar quem você é, começa a representar *papéis* e a colocar máscaras ao lidar com pessoas próximas. Essas máscaras freqüentemente são postas para agradar aos outros, pois você busca constantemente jeitos de conseguir sua aprovação. Você age de forma excepcionalmente simpática ou obsequiosa, na ânsia de suprir necessidades alheias e para receber afeto e aprovação. Outros indivíduos desse tipo parecem reagir com indiferença, como se não precisassem de aprovação dos outros. No entanto, carentes de reconhecimento e aprovação, na verdade temem expor essa necessidade, na certeza de que serão rejeitados ou repelidos. Essa estratégia de representar papéis e ocultar verdadeiros sentimentos, na constante tentativa de obter aprovação dos outros, quase sempre leva a resultados opostos aos desejados. Essas pessoas não só terminam por ser rejeitadas por seu comportamento, como também, amiúde, passam a sentir raiva e a rejeitar os outros — justamente o que mais temiam que lhes fizessem.

Esses dois traços, portanto — a excessiva dependência ou confiança na pessoa amada, e a falta de determinação de ser você mesmo — armam as condições para um relacionamento malsucedido. Nele, um, ou mais freqüentemente os dois parceiros não se sentem bem consigo mesmos. Em minha experiência clínica, cheguei à conclusão de que existem três outras características comuns a relacionamentos fracassados:

1. Há entre os parceiros um desequilíbrio de poder
2. Não há flexibilidade de papéis.
3. A interação baseia-se em padrões e estilos rígidos.

Desequilíbrio de poder

Durante meus dez anos de trabalho com casais, descobri que controle é o tema mais crítico para a formação e continuação tanto de um relacionamento disruptivo quanto de um saudável. Todos os casais, no início de seu relacionamento, devem ter lidado com o tema do controle, de quem toma as decisões. Antes de ficar envolvidos, os parceiros tomavam as próprias decisões sobre metas de vida, valores e preferências. Com o relacionamento estabelecido, contudo, são obrigados a agir como um casal na tomada de decisões. Trabalhar como casal e enfrentar a miríade de problemas e escolhas que surgem levanta o assunto do controle e do poder.

Isso ficará mais claro se observarmos o que vem a ser um equilíbrio saudável de poder num relacionamento, antes de examinar as áreas problemáticas. Este consiste no equilíbrio uniforme de poder ou num relacionamento 50/50. Nele, ambos iniciam o relacionamento sentindo-se bem consigo e com um senso positivo do eu. Querem dar-se um ao outro, mas sabem afirmar-se e suprir suas próprias necessidades. Com essa atitude, os parceiros trabalham de maneira cooperativa. Nenhum dos dois precisa maltratar o outro ou ser por ele maltratado.

Com equilíbrio de poder, você respeita as necessidades de seu parceiro e as suas. Nenhum dos dois perde amor-próprio num relacionamento 50/50. Convém lembrar, contudo, que em certas ocasiões no relacionamento, um cede ao outro. Quando isso acontece, pode ser numa respeitável divisão 60/40. Ou ainda pode ser que você diga de maneira sensível ao parceiro: "Isso você decide. Você entende disso e eu não", ocasião em que um parceiro abdica do poder. Em algumas outras situações, é óbvio, o outro reciprocamente abdicará de poder para este parceiro. No padrão saudável de relacionamento, contudo, existe uma divisão geral de poder de forma uniforme e coerente. Um respeita o direito do outro, e nenhum abusa do outro porque ambos sabem afirmar-se. Ao se afirmarem, ganham respeito recíproco. Desejam trabalhar lado a lado para resolver problemas, definir metas coletivas e tomar decisões conjuntas. Assim, um não leva vantagem sobre o outro; ambos cooperam 50/50.

Com freqüência, quando os casais se esforçam para obter um equilíbrio de poder 50/50, suas dissensões são mais claras. Não são ruins, nem devem ser evitadas. A questão é como são resolvidas. Se forem resolvidas de modo que se respeitem as necessidades de ambos, não prejudicarão o relacionamento. Somente quando são repetidamente resolvidas de tal jeito que um parceiro "ganha" e o outro "perde", é que os conflitos são destrutivos.

No relacionamento malsucedido existe um equilíbrio desigual de poder, que eu denominaria 80/20. Nele, um parceiro tem uma enorme quantidade de poder manifesta no relacionamento. Aquele que controla 80% do poder toma a maioria, se não a totalidade, das decisões. O que tem 20% dele tende a ser mais passivo, providenciando coisas e rendendo-se ao parceiro poderoso.

A divisão 80/20 pode ser ilustrada com o caso de Bob e Sue. Ambos têm cerca de quarenta anos e estão casados há 22. Ele é um homem de negócios bem-sucedido e ela é dona de casa. Criaram dois filhos, e nos últimos dois anos Sue trabalhou meio período na secretaria da faculdade local.

Bob e Sue originaram-se de famílias interioranas. Seus pais eram muito autocráticos e as mães quietas e submissas aos maridos. Bob e Sue seguiram esse padrão. Bob tomava todas as decisões da casa, e Sue consentia. Ela afirmou que esse acordo lhe parecia justo porque assim tinha sido com seus pais, e porque sentia-se bem com a responsabilidade nas mãos do marido.

Com o tempo esse relacionamento sofreu um crescente desequilíbrio, pois Bob passou a aproveitar-se dessa situação. Ia diariamente para o trabalho e isso era tudo o que fazia para dar apoio à família. Sue preparava as refeições, pagava as contas, fazia a declaração do imposto de renda e limpava a casa. Bob tendia a assumir controle total do relacionamento; se queria algo, conseguia-o. Decidia como aplicariam o dinheiro, em que restaurante jantariam, e como passariam o tempo livre. Enquanto ele tomava decisões, Sue fazia a maior parte do trabalho. Nas raras ocasiões em que não conseguia o que queria, falava alto e esbravejava, e ela quase sempre cedia às ameaças e abusos. Periodicamente, a própria Sue explodia — quebrava pratos, gritava —, mas em seguida sentia-se culpada e rapidamente retornava à sua postura não assertiva. Esse havia sido o padrão durante os últimos vinte anos. A terapia de casal foi iniciada não por Sue, mas por Bob, que sentia que já não a amava. Na verdade, queria a separação.

Claramente existe um desequilíbrio de poder nesse relacionamento. O caso demonstra o que acontece quando existe uma divisão 80/20 do poder. Quando você tem um cota maior de poder (80%), gradualmente vai *perdendo o respeito* pelo parceiro, devido à sua falta de disposição de se defender de você. Ao perder respeito, pára de amá-lo.

Talvez você pense que seria a pessoa com 20% de poder aquela que desejasse cortar esse tipo de relacionamento, pois é ela — afinal — que se sente frustrada em suas necessidades, usada e maltratada. Quase sempre, contudo, é o parceiro controlador da relação que fica tão insatisfeito a ponto de querer terminar o relacionamento. Quando você não tem poder, normalmente acredita não poder viver sem o parceiro, e isso o leva a ceder continuamente. Com o tempo perde confiança em suas próprias capacidades, e aí torna-se ainda mais dependente do parceiro. A última coisa que deseja é o término do relacionamento.

Quando você permite que seu parceiro controle o relacionamento, também sente muita amargura. Se não tem consciência dessa raiva ou amargura, poderá passar a expressá-la em manifestações somáticas, tais como dores de cabeça, problemas estomacais, asma ou reumatismo. E, se está consciente dela, ou permanece passivo e supercontrolado ou tem esporádicas explosões e "quebra as coisas", como Sue.

Podemos ver no exemplo de Bob e Sue os dois traços, discutidos anteriormente, que caracterizam um relacionamento contraproducente. Um, a dependência de Sue, e o outro, seu medo de ser ela mesma, que tiveram papel proeminente no casamento. Quando ela aprendeu a ser menos dependente e a compartilhar seus sentimentos honestamente, sendo assertiva com Bob, seu relacionamento moveu-se para um estado mais equilibrado de 50/50.

Algumas vezes, quando as pessoas sentem que não têm poder algum (20%), lutam contra isso de formas indiretas. Por não se sentirem capazes de confrontar diretamente seus parceiros e ainda, de ter influência sobre eles na área de controle e tomada de decisões, encontram subterfúgios para se desforrar perante seus parceiros mais poderosos.

Usemos outro caso. Gail permitiu que seu marido, Fred, tomasse todas as decisões no casamento. Um incidente particularmente perturbador, mas típico, ocorreu quando ele mudou o planejamento das férias sem consultá-la. Mudou o dia e o mês em que sairiam de férias (que passaram a ser inconvenientes para ela), e também convidou dois outros casais para acompanhá-los, muito embora tivessem originariamente planejado ir a sós, para uma segunda lua-de-mel. Além do mais, Gail não se dava bem com os outros casais, uma fonte adicional de irritação. Seu marido tomara uma decisão unilateral sobre a mudança de planos de férias, e simplesmente a informou disso a caminho do escritório, numa certa manhã. Ela não disse nada, porém ficou possessa.

Mais tarde, naquela mesma semana, num jantar em que Fred entretinha clientes importantes, Gail fez alguns comentários imprudentes aos clientes, envergonhando Fred na frente de seus sócios. Nesse momento, ela não estava consciente de que havia uma conexão entre suas férias "estragadas" e a expressão indireta de raiva contra seu marido, ao diminuí-lo publicamente. Mais tarde, ao discutir esse incidente na terapia, conseguiu enxergar a conexão entre sua obediência às exigências do marido e o fato de depois "descontar nele".

Nessa situação, Fred tinha 80% do poder e controle do relacionamento. Gail virou o feitiço contra o feiticeiro, ganhando 80% do poder e acertando as contas com ele, ainda que de maneira indireta. É importante lembrar que quando as pessoas percebem não ter poder, algumas vezes lutam inconscientemente contra isso, e/ou de maneira passiva ou agressiva, e terminam manipulando 80% do poder em outras questões. Isto é, deixam de dar as coisas boas ou a assistência desejada pelos esposos. Duas das coisas comumente negadas quando o equilíbrio de poder é desigual são sexo e apoio emocional. Neste caso, Gail negou-se a ser a dona de casa agradável, simpática e socialmente graciosa, quando Fred mais precisou disso. Temporariamente, adquiriu poder do relacionamento. Este diagrama poderia ilustrar esse processo:

> divisão 80/20 — controle aberto (Fred ganha)
> divisão 20/80 — controle velado (Gail ganha)

O tema do controle e da tomada de decisões é crítico em todo relacionamento. Problemas sobrevêm quando o equilíbrio de poder se torna desproporcional.. Em geral, os dois parceiros ficam infelizes com a divisão 80/20 de poder e freqüentemente enfrentam conflitos derivados de dependência e falta de amor-próprio. Se é você quem controla o relacionamento, suas próprias necessidades de dependência estão freqüentemente ocultas. Superficialmente sente-se bem consigo, porque está "encarregado" do relacionamento. Mas talvez sua sensação de segurança e amor-próprio fosse ameaçada se perdesse o companheiro (com divórcio ou separação), ou se tivesse de atuar numa base mais igual. Dei aconselhamento a muitas pessoas que, apesar de se considerarem capazes de viver bem sem os parceiros "mais fracos", descobriram, com a separação, quão dependentes eles próprios eram. A pessoa com 20% do poder em geral está mais consciente de que sua sensação de amor-próprio parece, de algum modo, vinculada à aprovação ou à afeição do parceiro. Seja qual for o caso, um equilíbrio desigual de poder cria problemas reais num relacionamento.

Até aqui discutimos basicamente dois tipos de relacionamento: um relacionamento saudável, 50/50, que apresenta um igual dar e tomar entre os parceiros; e um contraproducente, desigual, no qual um parceiro tem mais poder e controle do que o outro. Uma terceira opção é um embate aberto entre os parceiros, no qual nenhum deles chega a um meio-termo ou cede um milímetro, mas em que ambos lutam pelo controle. Tal batalha pelo controle quase sempre termina em empate. Regra geral, essas lutas pelo poder levam ao término do relacionamento, ou a uma das duas opções já exploradas.

Flexibilidade de papéis versus rigidez de papéis

Além de lidar com o tema do controle e poder, os parceiros precisam lidar com o modo como irão interagir, diariamente. Todas as pessoas interagem com seus parceiros em diferentes papéis. O casal saudável pode utilizar alguns papéis. Uma das coisas que acontecem quando as pessoas ainda não desenvolveram amor-próprio positivo ou um senso de identidade claro e positivo, é que elas começam a representar papéis rígidos com seus parceiros. Portanto, o casal destrutivo freqüentemente utiliza apenas um papel de interação.

Reagir de maneira saudável a um parceiro requer o que chamo de flexibilidade de papel. Isto é, em cada situação, as pessoas são livres para escolher entre diferentes papéis que poderão suprir suas necessidades e as do parceiro. Há três papéis, ou, como diz Eric Berne, estados psicológicos do ego, principais, comuns a todos. São eles: adulto, pai e criança. No papel adulto, você toma decisões, estabelece metas, e resolve problemas; em seu papel como pai, nutre e apóia o parceiro; e, finalmente, como criança, brinca e se diverte com o outro.

Os casais saudáveis têm flexibilidade para assumir esses três papéis principais. Examinemos isso mais detalhadamente. Às vezes, os parceiros precisam agir como adultos um com o outro, por exemplo. Podem ser obrigados a tomar decisões adultas sobre como investir o dinheiro, educar as crianças, o que fazer em termos da carreira profissional, ou sobre como passar o tempo livre. Ambos precisam ser capazes de utilizar aptidões adultas de resolver problemas para conseguir cuidar um do outro. Talvez apenas um parceiro represente o papel de adulto mas, se o que se busca é um relacionamento bem-sucedido, ambos devem representá-lo.

E ambos também devem especializar-se no exercer o papel de pai um do outro. Ao agir como pai com o parceiro, você lhe dá apoio quando está deprimido ou com algum problema pessoal. Por exemplo, se um homem acabou de ter uma semana particularmente complicada no emprego, sua esposa pode ser Pai dele, acalentando-o e suprindo suas necessidades emocionais com apoio e confiança. Às vezes, esses papéis se invertem. A mulher cansada de cuidar dos filhos pequenos o dia todo pode ser adotada pelo marido, que dedica tempo para ouvi-la e a leva para jantar fora para um minuto necessário de descanso.

Finalmente, é importante que num relacionamento às vezes você seja criança, permitindo-se ser espontâneo, divertido e brincalhão. O papel de criança permite que você se divirta e brinque com seu parceiro. Tal brincadeira pode variar desde dar risadas e contar piadas enquanto jogam cartas, ou até ir andar de bicicleta apenas para ficarem caçoando um do outro. Os casais precisam engajar-se em diversões e atividades prazerosas.

A aptidão para representar esses três papéis capacita você a satisfazer suas necessidades, aumentar seu amor-próprio, suprir as necessidades do parceiro e lidar com problemas conforme vão surgindo. Ter flexibilidade nos papéis significa ser capaz de agir de modo efetivo, apropriado para qualquer situação específica. Se seu parceiro necessita que você dê apoio, você pode ser um Pai prestativo. Se ele precisa de ajuda para tomar decisões adultas, você pode participar como adulto. E finalmente, você pode ser uma criança e suprir as suas necessidades de diversão e brincadeiras. Quando a situação pedir, vocês invertem papéis, com o outro fazendo essas coisas para você. Claramente, os casais precisam da habilidade de representar papéis diferentes para se adequar às diferentes situações.

Em relacionamentos que não dão certo, os casais desenvolvem rigidez de papéis, isto é, utilizam apenas um, e algumas vezes dois, dos três papéis descritos. Em vez de terem a habilidade de se mover entre os papéis (ou seja, de pai para adulto e deste para criança, e de volta para adulto) conforme a situação exija, esses casais ficam trancados no atuar em um só papel, na maior parte do tempo de seu relacionamento com o parceiro. Esse único papel torna-se superdesenvolvido em suas vidas. Por exemplo, você pode estar inclinado a sempre ser um pai ou sempre a agir como um adulto. Ao utilizar esse único papel, torna-se difícil satisfazer suas necessidades, ou as de seu parceiro, de maneira consistente. Essa rigidez de papéis freqüentemente surge devido ao seu medo de ser quem você realmente é com o parceiro. Em vez disso, você escolhe representar um papel limitado, no qual se sente seguro e a salvo.

Por exemplo, Guy era um programador de computador que se sobressaiu no emprego graças às suas habilidades adultas de resolver problemas e a sua mente lógica. Estas lhe valheram respeito no escritório e também ajudaram-no em casa com a esposa, Betty, no tocante a planejar o orçamento, analisar oportunidades de investimento e melhor administrar seu tempo para que ambos pudessem trabalhar fora e cumprir as tarefas domésticas. As habilidades intelectuais de Guy e sua mente racional eram ótimas na solução de problemas, porque ele sempre pesava todas as possibilidades e depois partia para decisões objetivas. Em resumo, Guy operava como um eficiente computador.

Suas habilidades de adulto, contudo, não tinham valor quando sua esposa tinha um dia difícil e queria atenção e algum carinho especial. Tampouco ajudavam-no quando ela apenas queria relaxar e ter um tempo agradável. Descobriu ser difícil agir como um pai acalentador com Betty e suprir suas necessidades emocionais, e achou igualmente custoso pôr-se à vontade, fazer confidências e contentar-se como uma criança. Guy constantemente relacionava-se com Betty e com os outros como um adulto super-racional, simplesmente porque não aprendera como ser um pai que dá apoio e nutrição, ou uma criança que adora brincadeiras. Seu comportamento causava grande tensão no casamento porque estreitava suas possibilidades de ação e limitava o grau em que supria tanto as necessidades de Betty quanto as suas.

Agir como um adulto superdesenvolvido, como Guy, com limitada facilidade de ser o pai carinhoso ou a criança brincalhona, exemplifica a rigidez de papel. Agir de modo tão restrito reprime o crescimento pessoal e sufoca o relacionamento. Guy representava esse papel porque durante toda a vida fora valorizado apenas por suas habilidades intelectuais. Tinha sido o "crânio" na escola, e embora se sentisse seguro com suas excepcionais habilidades intelectuais, carecia de habilidades sociais, de interesses atléticos e da habilidade de ficar à vontade e apreciar um bom lazer. Guy teve de aprender outros modos de se relacionar com as pessoas — que lhe pareceram amedrontadores a princípio — antes de conseguir relaxar e desistir de seu papel de adulto super-racional.

Ilustremos esse processo com outro exemplo. Debbie crescera em um lar no qual o pai tinha inúmeros problemas físicos e psicológicos. Sendo filha única, era pressionada a participar dos serviços domésticos com a mãe para atender às várias lamúrias do pai. Divorciaram-se quando ela tinha dezesseis anos, época em que o pai recebeu sua custódia, e ela então assumiu responsabilidade total de cuidar dele. Levou-o às reuniões dos Alcoólicos Anônimos, pois era alcoólatra, assegurou que chegasse sempre na hora certa no emprego, cozinhou e cuidou de toda a roupa. Por quatro ou cinco anos, tornou-se um pai superprotetor para seu pai. Os meios utilizados pelo pai para induzi-la a sentir-se culpada levaram-na a continuar nesse papel de pai para ele. Finalmente, Debbie saiu de casa, mudando-se para outra cidade. Ainda manteve constante contato telefônico com o pai, entretanto, e sempre o tranqüilizava e escutava sobre seus vários problemas.

Debbie casou-se um ano depois, tanto para escapar do pai quanto para ficar com Frank, seu recente marido. Embora pensasse ser o fim dos problemas, em seis meses começou a ser Pai para Frank, tanto quanto tinha sido para seu próprio pai. Fazia tudo para ele: oferecia conselhos não solicitados sobre suas preocupações com os negócios, dava conta de todo o trabalho doméstico, e era bastante protetora e solícita em relação a qualquer problema que ele tivesse. Em pouco tempo acabou afastando o marido. Ele afirmou que sentia em Debbie uma mãe excessivamente controladora, e não uma esposa. É fácil ver que Debbie era bastante destra em sua habilidade de pai, mas gastava muito pouco tempo sendo o adulto ou a criança brincalhona. O exagerado desenvolvimento de seu papel de pai deixara-lhe pouca liberdade para estar com o marido, e ela não acrescentara divertimento em sua própria vida. Teria de aprender a parar de ser pai para o marido inadequadamente, como fora com seu pai. Além disso, teria de desenvolver suas habilidades de criança, relaxando mais e sendo mais divertida em sua vida. Finalmente, teria de usar habilidades de adulto para ser mais igual ao parceiro no casamento do que um pai.

Novamente, é importante enfatizar que *todos* os indivíduos precisam relacionar-se com seus parceiros por meio dos três papéis — pai, adulto e criança. Se enfatizarem excessivamente qualquer um deles, contraem-se e tolhem a flexibilidade do relacionamento.

Estilos contraproducentes

Na seção anterior examinamos de que forma papéis rígidos acentuam demais um aspecto da personalidade de uma pessoa, com a exclusão de outros atributos positivos. Agora veremos como os casais com papéis rígidos freqüentemente formam entre si padrões complementares de papéis.

Tais indivíduos tendem a representar um de três papéis no relacionamento. O primeiro é o papel passivo, no qual permitem ao parceiro o controle do relacionamento. Alguns papéis passivos comuns são o do rapaz legal, sempre querendo concordar e fazer a coisa certa e desejando não incomodar ou ofender ninguém. O outro é o da criança desamparada, que se sente inútil e inadequada e portanto precisa de um parceiro "mais forte", que assuma o controle. Também existe o bobo, que se sente intelectualmente inadequado para se sair bem neste mundo. E, finalmente, há o indivíduo modesto ou apaziguador, que constantemente faz concessões e permite ao outro o controle do relacionamento.

O segundo tipo de papel é o do auxiliar, cuidando e protegendo o parceiro. Um papel auxiliar comum é o do sabe-tudo intelectual. Quando você representa esse papel, sempre utiliza suas habilidades intelectuais para controlar e dominar o parceiro. Sempre tem a resposta correta e sabe como resolver um problema. Em seguida, há o pai superprotetor. Se você pertence a essa categoria, quer constantemente ajudar e fazer tudo pelo parceiro.

O terceiro tipo de papel freqüentemente assumido é o do atacante. Empregando essa técnica, você ataca e critica o parceiro em demasia. Entre os papéis comuns de atacantes está o de pai crítico, no qual você está sempre reclamando e dizendo ao parceiro como fazer tudo. Trata-o como se ele fosse uma criança. Um outro papel de atacante é o de parceiro irritado, sempre bravo e perturbado com tudo, constantemente reclamando e vociferando.

Assim, existem três papéis principais nos relacionamentos contraproducentes, que as pessoas podem desempenhar: Auxiliar, passivo e atacante. O que acontece mais freqüetemente no relacionamento contraproducente é um ajuste complementar entre dois destes estilos. Por exemplo: um parceiro Superprotetor combina-se com uma criança desamparada, ou um sabe-tudo Intelectual combina-se com um bobo. Eles se complementam um ao outro, como veremos, em detrimento de ambos. Vamos examinar alguns dos papéis mais comuns que os papéis contraproducentes, em suas combinações, podem desempenhar.

Parceiro irritado versus parceiro apaziguador

Nesse tipo de relacionamento, um parceiro se encontra cronicamente irritado. O outro é o parceiro apaziguador, que não apenas aceita sua raiva como se fosse justificada, mas tenta continuamente agradá-lo e aplacá-lo. O parceiro irritado quase sempre é o controlador (80% do poder), ao passo que o parceiro apaziguador é complacente e se rende ao parceiro mais exigente.

Com o tempo, ambos ficam presos a esse padrão de tal modo que o relacionamento passa a ser por ele governado. O parceiro irritado pode ficar e fica transtornado por qualquer motivo, e o pacificador tenta aplacar seu mau humor, não importando quão irracional seja.

Ilustremos esse tipo de relacionamento com o caso de Ralph e Linda. Ralph está com uns 25 anos e trabalha em uma marcenaria como caixa e faz-tudo. No início do casamento planejara tornar-se médico, mas constantemente adiava a inscrição na escola de medicina por medo de ser recusado. O emprego atual estava muito aquém do que pode fazer com um diploma de curso superior, e ele parecia não ter incentivo para avançar na carreira como marceneiro. Sua esposa, que no começo era compreensiva, tornou-se gradativamente magoada com sua incapacidade de melhorar a própria vida.

Ralph também parecia desencorajado e frustrado na vida. Estava infeliz no emprego, mas não sabia como mudar isso. Durante um período de vários anos afastou-se mais das pessoas, e ele e Linda socializavam-se menos. Ralph deixou de jogar tênis, como fazia no passado. Linda dizia que era difícil convencê-lo a ajudar nas tarefas domésticas, a conviver com amigos, ou simplesmente a sair para jantar. Enquanto isso, o emprego de Linda como professora ficava compensador. Desenvolvera algumas amizades no trabalho e entrara para uma academia de ginástica, perdendo treze quilos. Com o tempo, tornou-se mais segura e bem-sucedida, mas igualmente mais amargurada pelo fato de Ralph não cuidar de sua vida. Agora expressava mais abertamente sua raiva em relação a ele. Inicialmente, ele lutava e se defendia, mas, como duvidava cada vez mais de suas próprias habilidades, começou a se submeter aos ímpetos de raiva de Linda. Em um ano e meio, o padrão de Linda como parceira irritada e Ralph como apaziguador foi estabelecido.

Primeiro, Linda irritava-se com Ralph por razões legítimas — ele não a ajudava com as tarefas domésticas, evitava decisões na carreira, não trabalhava direito, evitava amigos. Contudo, quanto mais Ralph a tranqüilizava e tentava aplacar sua raiva com promessas de melhorar, com desculpas e justificativas, tanto mais ressentida ela ficava. Em pouco tempo, Linda passou a se irritar por quase nada, afirmando: "Não gosto do modo como Ralph penteia o cabelo ou de seu jeito de comer". Admitia: "Sei que isso é loucura, que não deveria ter raiva dele por essas coisas. O que há de errado comigo?" Quanto mais Ralph a apaziguava, mais raiva ela sentia. Vejamos por que isso acontece.

Para começar, Ralph, o parceiro apaziguador, não se sentia bem consigo próprio, primeiramente por estar frustrado na área de sua necessidade de realização. Temia inscrever-se na escola de medicina ou buscar progresso no emprego atual. Essa aparente paralisia na área da carreira causou-lhe uma perda de confiança em si mesmo e afetou suas outras necessidades. Começou a perder confiança e respeito por si, e finalmente sentiu-se um joão-ninguém. Quando se tornou mais deprimido, começou a evitar as pessoas e a gastar cada vez mais tempo em frente à televisão. Como estava completamente desolado e não via sua vida tomando um rumo qualquer, abdicou ainda mais de seu controle no casamento. Este foi de 50/50 para 80/20.

Além disso, começou a agir mais como criança desamparada na relação. Começou a acreditar que não podia viver sem a esposa. Esse comportamento fez com que a "sufocasse", por querer estar com ela o tempo todo. Sob a luz de sua postura Apaziguadora, temia que se fosse assertivo com ela, perdê-la-ia. Quanto mais pacificador se tornava, contudo, menos Linda queria estar com ele. Agora o enxergava como dependente dela e fraco, e começara a perder respeito por ele. Muito de sua raiva injustificada fazia parte de uma tentativa de provocar Ralph a se defender, para que pudesse respeitá-lo e amá-lo novamente. Porém, agora, Ralph estava intimidado por causa dessa raiva e não ousava ser assertivo por medo de perdê-la. Tornou-se, assim, ainda mais apaziguador. Como resultado, esse padrão passou a dominar suas interações e eles foram afastando-se cada vez mais.

Buscaram aconselhamento quando Linda decidiu que deveria terminar o casamento, muito embora ainda sentisse que amava Ralph. Na terapia, ele aprendeu a resolver seu conflito ligado à sua realização. Desistiu da idéia da escola de medicina e decidiu buscar promoções no emprego atual. Gradualmente reconquistou sua confiança, e tornou-se mais assertivo e menos apaziguador. À proporção que se tornava mais assertivo, Linda o respeitava mais. Percebeu-se menos irritada com coisas supérfluas, e seu relacionamento tornou-se um acordo mais equilibrado, de 50/50. Embora nesse caso os problemas conjugais tenham tido um resultado positivo, em muitos outros eles terminam em separação ou divórcio.

Parceiro superprotetor versus parceiro criança desamparada

Neste segundo tipo de relacionamento, o parceiro dominante (ou seja, o que controla 80% do poder) não usa raiva ou agressão, mas antes uma sensação de superproteção e mimo para ganhar controle. Aqui vemos o parceiro superprotetor fazendo muitas coisas que poderiam ser facilmente feitas pelo outro. Este outro torna-se a criança desamparada, incapaz de fazer qualquer coisa sem a aprovação e apoio do parceiro "mais forte". Nesse tipo de relacionamento, o parceiro que age como criança desamparada sente-se inadequado pessoal, e, com freqüência, profissionalmente, não se sentindo à altura das exigências de ser adulto. Tais pessoas estão muito aquém de seu potencial de realização e tendem a se valer de seus parceiros mais capazes para obter proteção e apoio. Parceiros superprotetores apreciam representar o papel de pai. Geralmente sentem-se bem consigo mesmos, por conseguirem nutrir e auxiliar seus parceiros menos capazes. Algumas vezes, sentem que foram escalados para o papel de pai porque aqueles que amam se sentem desamparados e incapazes, e, por isso, não lhe dão outra escolha.

Usemos outro caso para exemplificar esse tipo de relacionamento. Bill tem cerca de trinta anos e é analista de sistemas em uma grande empresa. Lois, alguns anos mais nova, tem um diploma de especialização em marketing, mas nenhuma experiência em sua área profissional. Desde que se formou trabalha numa loja de departamentos, recebendo um salário mínimo. Estão casados há cinco anos. No casamento, Bill toma todas as decisões importantes. Decide como investirão seu dinheiro, onde passarão as férias, que novas aquisições devem ser feitas para o lar. Lois não apenas aceita as decisões nesses assuntos como também as recebe muito bem. Assevera que não sabe o que faria sem Bill, pois ele é um homem de muitos recursos e conhecimentos.

Examinando seu passado, descobrimos que Bill cresceu em uma família numerosa. Era o mais velho de cinco filhos. O pai abandonou o lar quando Bill tinha doze anos e, em vários aspectos, este tornou-se o chefe da família, assumindo muitas das responsabilidades paternas. Quando tinha dezesseis anos, sua mãe ficou hospitalizada por vários meses com um problema no coração, e Bill assumiu ainda maiores responsabilidades na família. Cuidou de seus irmãos menores e também assistiu a mãe quando retornou para casa. Aos dezessete, era o chefe da família, cuidando de todos. Sentia-se à vontade nesse papel e era constantemente reconhecido pela mãe pelo bom trabalho que fazia. Era muito responsável, fez vários tipos de trabalhos durante a época escolar e financiou seu curso superior com trabalhos de meio período. Após a faculdade, ascendeu rapidamente na companhia para a qual entrou, tornando-se supervisor aos 25 anos e, aos 30, um dos mais jovens gerentes da firma. Ganhava bem e podia dar ajuda financeira aos irmãos para que fizessem o curso superior. Quando Bill e Lois vieram para aconselhamento, ele contribuía financeiramente até para os estudos de um dos irmãos de Lois.

Lois era a mais nova de três irmãos, e fora educada por pais demasiadamente protetores e tolerantes. Lois lembra-se de jamais ter tido tarefas ou responsabilidades, enquanto crescia. Recorda-se da mãe escolhendo suas roupas para ela, não apenas quando criança mas mesmo quando estava no colégio. Nunca aprendeu a cozinhar porque sua mãe insistia em fazê-lo. Lembra que os pais eram muito afetuosos, porém permitiam-lhe pouca liberdade pessoal. Lois afirmou que não se lembrava de ter desejado algo enquanto criança. Na escola sempre fora bem, o que agradava aos pais. Aliás, tirar boas notas (o que fazia com facilidade) era a única responsabilidade que tinha perante os pais. Saiu-se bem na faculdade, formando-se com distinção. Conheceu Bill um ano antes da formatura e casou-se assim que se formou. Naquela época, Bill era um jovem executivo em ascensão, já bastante vitorioso em sua carreira.

Lois não trabalhou durante os dois primeiros anos de seu casamento, ficando em casa e apenas indo a uma ou duas aulas de pintura. Decidiu que não queria usar seu diploma de marketing e acabou conseguindo um emprego numa pequena loja de departamentos, com pouca responsabilidade. Durante esse tempo, decidiu tornar-se artista. Para esse fim, assistia a aulas de arte na universidade e na comunidade, mas seu interesse não foi além de assistir às aulas. Assegurava ter planos de tornar-se uma artista profissional, quando se sentisse qualificada para isso.

Nesse casamento, vê-se que a esposa representa o papel de criança desamparada, nunca tendo crescido. Os pais, e agora o marido, são muito tolerantes e dela esperam pouco ou quase nada em termos de atitudes responsáveis. Ela, por sua vez, aquiesce, por sentir-se inadequada e desamparada para mudar esse padrão.

Lois iniciou a terapia dizendo, durante uma sessão individual, que não tinha certeza se realmente amava seu marido, pois ele era "tão certo, tão estabelecido, tão parecido com meus pais". Recentemente enamorara-se de um colega de trabalho vários anos mais jovem que Bill, que parecia ter um "espírito livre" e ser muito mais aventureiro do que seu sóbrio e sólido marido. Esse jovem tinha o costume de trabalhar vários meses, largar o emprego para viajar e trabalhar num navio por vários meses. Adotara as drogas e o amor livre, e a Lois parecia ser "crescido", por ser, como ela dizia, "seu próprio dono". Lois também contemplava essa idéia de ser "crescida" pensando em abandonar seu marido e viajar e trabalhar como bem entendesse.

Numa sessão individual, Bill afirmou que recentemente começara a sentir que sua esposa não cumpria com a sua parte no relacionamento. Ele achava que ela poderia ter um emprego mais bem remunerado e ajudar com as despesas, ou então deveria assumir-se como artista em vez de apenas assistir às aulas. Nos últimos meses, Bill a pressionara para que mudasse para essa direção, fato que criou uma considerável tensão no relacionamento.

Após muitos meses de terapia, Lois aprendeu que crescer era mais do que buscar aventuras e ter um espírito livre. No seu caso, significava aprender a tomar mais decisões e depender menos de Bill. Interrompeu as aulas e começou a expor seu trabalho em galerias de arte locais. Em um ano, isso lhe proporcionou vários prêmios e finalmente, a venda de seus quadros.

Bill também teria de mudar, pois encontrava-se seguro no papel de pai protetor. Era algo que fizera durante quase toda a vida. Além disso, teria de permitir que a esposa crescesse e ficasse mais independente dele. Isso inicialmente lhe causou um pouco de ansiedade, mas, com o passar do tempo, percebeu que tinha mais liberdade, pois não precisava tomar conta dela continuamente. Essas mudanças permitiram-lhes uma aproximação como Adultos.

No relacionamento do tipo superprotetor *versus* criança Desamparada, o parceiro que representa a criança desamparada tem de aprender a ser mais independente. Deve trabalhar na satisfação das próprias necessidades de identidade e, geralmente, também das de realização. Parceiros superprotetores devem mudar também. Devem aprender a se desapegar e permitir que seus parceiros cresçam e se desenvolvam como indivíduos, por sua própria conta. O parceiro superprotetor freqüentemente é do tipo que apenas se preocupa com o trabalho, como era o caso de

Bill. Raramente tira folgas para se dedicar a atividades de lazer, por estar ocupado com o trabalho ou com necessidades alheias. Parte da terapia de Bill consistia em aprender a relaxar, satisfazer suas necessidades de diversão e ser mais criança. Ambos precisaram mudar bastante para que o casamento desse certo.

Parceiro pai rabugento versus parceiro criança irresponsável

Neste terceiro tipo de relacionamento, temos o parceiro pai rabugento, constantemente aborrecendo e censurando os outros, e uma criança irresponsável, recusando-se a crescer.

Aqui, o parceiro dominante não é, como se imaginaria, o que representa o pai rabugento. Ao contrário, o parceiro criança Irresponsável é quem tem maior controle do relacionamento. No papel de criança irresponsável, as pessoas tendem a fazer o que querem e quando querem. Ignoram as conseqüências desse comportamento, pelo menos enquanto estão agindo assim. Parceiros irresponsáveis tendem a ser egocêntricos e a se orientar para os próprios interesses. Apreciam perseguir seus interesses, independentemente de como isso possa interferir no direito dos outros. Podem ter dificuldades cumprindo horários, mantendo-se no trabalho, sendo solícitos ou percebendo e satisfazendo as necessidades de alguém. Podem ser freqüentemente charmosos e graciosos, mas tal encanto se desgasta com o tempo, especialmente se você tem de viver com eles.

Raramente um pai rabugento começa reclamando e fazendo críticas. Ao contrário, em geral começa reagindo submissa e passivamente ao parceiro mais irresponsável. Tem esperança de que ele eventualmente aja da mesma maneira adulta, responsável. Quando isso não acontece, fica confuso e magoado. Pensa que seu parceiro irresponsável apenas "precisa aprender como agir". Tenta valer-se da lógica ou de sermões calmos e racionais sobre as razões de se chegar na hora certa no trabalho, ou de não contar piadas de mau gosto no coquetel do chefe. Quando nota que o parceiro não atende aos seus conselhos e soluções práticas, sente raiva e mágoa. Argumentos menos lógicos e reclamações são o passo seguinte. Com o tempo, os pais rabugentos tornam-se exasperados e derrotados, pois todo o seu aconselhamento parece bater em ouvidos surdos. Portanto, seu comportamento queixoso origina-se no comportamento irresponsável do parceiro. Com o tempo as características de ambos se intensificam. Ambos tendem a desenvolver sentimentos de ressentimento e raiva.

Usemos o caso de Bonnie e Phil para ilustrar esse tipo de relacionamento problemático. Os dois têm quase trinta anos e estão casados há sete, sem filhos. Bonnie trabalha como compradora de uma grande loja de departamentos. Phil é vendedor. Bonnie é a mais velha de três irmãos. Cresceu em um lar no qual os pais eram "semi-rígidos". Os três tinham tarefas a cumprir e ela acumulava a maior parte da responsabilidade por ser a mais velha. Era chegada aos pais, e descreve a família como amorosa. Bonnie formou-se no colegial com distinção, conseguiu um diploma em administração e se tornou compradora na loja. Conheceu Phil no último ano da faculdade e logo depois se casaram.

Phil era o mais jovem entre os filhos. A família o tratava como caçula, e foi inquestionavelmente muito mimado. Contou que quase sempre conseguia tudo o que queria. Convencia os pais — principalmente a mãe — a lhe comprarem o que quisesse. A disciplina era bastante frouxa nesse lar, e as crianças tinham toda a liberdade que quisessem. Phil não se saiu muito bem na escola, porque não tinha "motivação" e passava a maior parte do tempo praticando esportes, basquete e beisebol. Estudou dois anos na faculdade mas desistiu, por não gostar de estudar. "Exigia muito trabalho." Tornou-se vendedor porque apreciava pessoas e coisas diferentes a cada dia. Em seis anos, Phil teve cinco empregos diferentes. Demitia-se um pouco antes de lhe pedirem para deixar a posição. Queixava-se da monotonia e queria mais dinheiro e excitação. Tinha uma personalidade charmosa e causava boa impressão, não encontrando, portanto, dificuldade para conseguir emprego. Duas mudanças de emprego no passado, contudo, obrigaram-no a se mudar de cidade. Em cada uma delas, Bonnie deixou um emprego promissor para se mudar com Phil.

No primeiro ano de casamento, ambos sentiam-se próximos um do outro. Bonnie descrevia Phil como colaborador nas tarefas domésticas e atento às suas necessidades. Phil via Bonnie como colaboradora e afetiva. Com o tempo, contudo, Phil tornou-se cada vez mais egocêntrico. Raramente participava dos afazeres domésticos e reclamava disso constantemente. Passava seu tempo livre jogando beisebol com os filhos e dificilmente estava disposto a fazer algo com Bonnie. Como vendedor, escolhia seu próprio horário e tirava um ou dois dias da semana para ir à praia ou às compras. Como tinham uma conta bancária conjunta, Phil tomava emprestado da parte de Bonnie, quando ultrapassava o limite da sua. Ela então começou a ter de pagar todas as contas, enquanto o dinheiro de Phil ia para seu uso pessoal.

Por muito tempo Bonnie permaneceu passiva e submissa diante do comportamento cada vez mais irresponsável de Phil. Simplesmente esperou que ele mudasse, que se tornasse mais responsável. Seu ressentimento aumentou, contudo, paralelamente à crescente irresponsabilidade do marido. Começou a censurá-lo por não ficar em casa, por jogar bola com os meninos e por fugir do trabalho doméstico. Às vezes as críticas surtiam efeito e Phil relutantemente ficava e a ajudava. Mais comumente, porém, dizia que faria "mais tarde", e desaparecia. Com a manutenção desse padrão, afastaram-se cada vez mais um do outro. Bill passou a ver em Bonnie um pai hipercrítico, empenhado em restringir sua liberdade, algo que ninguém jamais lhe fizera. Phil já não se sentia querido e cuidado por Bonnie. E, por sua vez, Bonnie perdia o amor por ele. Considerava-o irresponsável, frio e sem disposição para mudar e "crescer". Finalmente separaram-se e mais tarde se divorciaram. Suas diferenças eram simplesmente gritantes demais para serem superadas.

Resumo

Até este ponto examinamos algumas das conseqüências de não amar a si próprio e/ou de não ter suprido uma ou mais de uma área às quais os casais precisam atender com êxito, como discutimos em capítulos anteriores. Se as pessoas não suprem essas condições prévias, tendem a estabelecer relacionamentos passíveis de derrota. Nestes, esperarão que o parceiro lhes dê o amor e aprovação que elas próprias ainda não se deram. Por não se amarem, comumente não conseguem revelar aos parceiros seu eu verdadeiro. Isso pode resultar num desequilíbrio de poder, em limitações dos modos de interagir um com o outro e, finalmente, em padrões ou estilos de interação neuróticos. Também examinamos três desses estilos de interação mais comuns: irritado *versus* apaziguador, superprotetor *versus* parceiro desamparado e rabugento *versus* irresponsável.

Porque relacionamentos contraproducentes impedem nosso crescimento individual e desfiguram relacionamentos, iremos examinar quais os passos específicos necessários para corrigi-los.

8

Como abordar a relação contraproducente

Introdução

Nos últimos dois capítulos exploramos alguns dos principais elementos de relações amorosas contraproducentes. Neste capítulo, temos como meta entender o que pode ser feito especificamente para alterar esses tipos de interação entre homens e mulheres, a fim de se conseguir relações mais felizes e saudáveis.

Examinaremos os três tipos mais comuns de relacionamentos contraproducentes (parceiro irritado *versus* parceiro apaziguador; parceiro superprotetor *versus* parceiro criança desamparada; e parceiro rabugento *versus* parceiro criança irresponsável), e estudaremos formas de tratar cada um deles.

Parceiro irritado versus parceiro apaziguador

Nesse relacionamento, um parceiro usa a raiva para controlar a relação. Com freqüência, o parceiro irritado relata sentir raiva de absolutamente qualquer coisa feita pelo outro. Já o apaziguador é condescendente, seguindo o lema "Paz a qualquer preço". Os parceiros apaziguadores em geral sentem que dependem e precisam muito da pessoa amada. Temem ofendê-la ou, mais fundamentalmente, perder seu afeto. Como conseqüência disso, são inclinados a ceder às exigências do parceiro irritado, sejam elas razoáveis ou não. Esse tipo de comportamento tende a ter resultado contrário ao esperado, ficando o parceiro irritado mais frio e distante, apesar de ter conseguido o que queria. O apaziguamento não o satisfaz realmente. Em geral, parece que o parceiro irritado, na verdade, espera que seu parceiro mais passivo defenda a si próprio e diga "não" mais freqüentemente. Costuma comparar respeito a asserção, e quando o parceiro apaziguador cede, primeiro perde o respeito, e depois o amor por ele.

Examinemos o caso de Fred e Cathy e o que deve ser feito para auxiliar esse tipo de casal. Fred é um corretor de imóveis bem-sucedido e respeitado na comunidade. Está na diretoria de várias entidades e foi presidente de várias organizações cívicas locais. Embora esteja financeiramente estável no momento, cresceu num ambiente bastante pobre. Caçula entre quatro irmãos, foi criado pela mãe, pois o pai morrera dois anos após seu nascimento. Sua mãe não se casara novamente; sozinha, trabalhou para sustentar Fred e seus irmãos e irmãs. Foram tempos difíceis para a família. Sua mãe era uma mulher bastante crítica, que impelia todos os seus filhos a obterem êxito em suas realizações. Quando adolescente, Fred trabalhou muito, tanto na escola quanto em empregos de meio período; nunca lhe sobrava tempo para esportes, atividades extracurriculares, ou para namorar. Foi um aluno excelente, distinguindo-se academicamente, tanto no colégio quanto na faculdade. Aí veio a conhecer Cathy e eles se casaram. Após a faculdade, entrou para o ramo imobiliário, trabalhando dezoito horas por dia para conseguir "vencer na vida". Aos quarenta anos estava financeiramente estável, e poderia até ter se aposentado, se assim o desejasse.

Cathy era a mais velha de duas garotas. Sua irmã tinha inúmeros problemas de saúde, sendo por isso constantemente mimada e cercada de atenções pela família. Cathy lembra-se de ter sempre realizado quase todas as tarefas domésticas e de, apesar de se ter desdobrado para satisfazer a mãe, nunca ter realmente conseguido sua atenção. Sua irmã era a menina dos olhos da mãe, enquanto ela sofria o impacto dos comentários e críticas cáusticas desta. Embora fosse incapaz de agradá-la, conseguia apoio no relacionamento caloroso que mantinha com o pai.

Cathy era popular na escola, tirava boas notas, era líder da banda da torcida e do grupo coral e namorou bastante. Quando terminou a escola, trabalhou para uma loja de departamentos local, vendendo roupas e desfilando. Conheceu Fred num encontro às escuras. Embora o namoro e os anos iniciais de casamento tivessem sido agradáveis, após a chegada do primeiro filho do casal Cathy começou a notar que ele ficava muito mais tempo no escritório. Durante vários anos, dedicou pouco tempo a ela. Satisfazia poucas de suas necessidades emocionais, por estar preocupado com seu "sucesso financeiro" e "segurança". Cathy esquecia de si própria para agradá-lo e atendê-lo. Cuidava sozinha dos filhos, cozinhava, limpava a casa. Tratava Fred como se ele fosse um príncipe. Passava todas as suas roupas, preparava seu banho toda noite, e estava constantemente a seu dispor. Apreciava fazer todas essas coisas para ele, mas Fred raramente retribuía, suprindo suas próprias necessidades de, por exemplo, jantar fora ou tirar umas férias. Ele se justificava dizendo que não podia pagar por essas coisas, muito embora estivessem bem financeiramente.

Quando Cathy afirmava que queria algo, Fred imediatamente se enraivecia e estourava com ela. Essa reação a assustava tanto, que rapidamente voltava atrás, ao passo que Fred quase sempre conseguia tudo o que queria. Com o passar do tempo Cathy abandonou muitos amigos, pois Fred não tinha tempo para vida social. Abandonou suas atividades em clubes e organizações para se devotar exclusivamente a educar as crianças e a cuidar de Fred. À medida que ficava mais isolada e limitada, tornava-se mais apaziguadora e anuente na relação. Durante esse tempo, teve vários problemas físicos: colite, dor na coluna e alergias.

Finalmente, quando Fred decidiu que já não se sentia atraído ou apaixonado por ela, separaram-se por alguns meses. Quando Cathy solicitou o divórcio, o casal buscou tratamento como último recurso para salvar o casamento. Na terapia, Cathy aprendeu que não poderia conseguir o amor e a aproximação emocional que desejava se fosse apaziguadora e cedesse a qualquer exigência de Fred. Desse modo ele não a valorizava e não satisfazia nenhuma de suas necessidades. Seu modo de protestar, justificando-se ou dando explicações e ainda tentando acalmá-lo, simplesmente causava explosões de raiva, e ela desistia. Na terapia, aprendeu que ela própria sentia muita raiva e ressentimento em relação a ele. Mas tais sentimentos não faziam parte de sua autoimagem. Com o tempo, percebeu que não era errado sentir raiva, ou agir assertivamente em relação a Fred. Hesitantemente, começou a experimentar estabelecer limites para ele e ser assertiva. Contrariamente às suas expectativas, Fred nem exibiu sua raiva, como no passado, nem a deixou, como temia. Em vez disso, começou a demonstrar mais respeito e a suprir algumas de suas necessidades.

Conforme Cathy se tornava mais assertiva, defendendo seus direitos perante o marido, muitos de seus problemas físicos desapareciam ou apresentavam melhoras. Sua assertividade também lhe trouxe mais autoconfiança. Percebeu que enquanto tentava satisfazer todas as necessidades de Fred durante aqueles anos, pouco fizera para satisfazer as próprias, especialmente as necessidades de realização. Por essa razão passou a trabalhar em meio período numa editora, com uma atividade própria, fora do lar. Esse novo emprego ajudou-a a aumentar seu amor-próprio e sua autoconfiança. Com sua crescente asserção e independência de

Fred, tornou-se mais atraente aos olhos dele. Fred percebeu que agora a respeitava e se preocupava mais com ela. Os sentimentos de amor que ele julgava desaparecidos agora retornavam.

Por Cathy tornar-se mais assertiva e exigir que Fred suprisse algumas de suas necessidades, ele aprendeu que seria obrigado a se dar mais num nível emocional. Sentia-se confortável na área de realização, mas aprender a separar tempo livre para ir jantar fora ou tirar folga de dois dias, por exemplo, era novo para ele. Primeiro sentiu-se pouco à vontade e "improdutivo" com essas folgas, mas gradualmente passou a apreciá-las cada vez mais. Quanto mais Cathy era assertiva, mais Fred se entregava a ela. Como resultado, seus ataques de raiva desapareceram e ela não tinha de acalmá-lo constantemente.

Nesse caso de parceiro irritado *versus* parceiro apaziguador podemos ver que um passo inicial é ajudar os parceiros reconciliadores a terem consciência de sua raiva, aceitando-a e aprendendo a ser assertivos com ela. Quando conseguem fazê-lo, sentem-se melhor consigo e se respeitam mais. Isso também lhes possibilita ter mais controle sobre suas próprias vidas e maior influência no relacionamento. Além disso, por eles se tornarem mais assertivos, seus parceiros irritados param de ter as hostis explosões de raiva, pois estas deixam de ser eficazes. Começam a agir mais racionalmente. Começam a respeitar e depois a amar seus parceiros, porque eles se afirmam. Parceiros irritados podem depois aprender a ceder mais aos parceiros e a valorizá-los. O relacionamento torna-se mais equilibrado, menos 80/20 e mais 50/50.

Uma mudança final que freqüentemente ocorre nesse caso se dá na vida pessoal do parceiro apaziguador. Parceiros desse tipo amiúde descobrem que se dedicaram tanto às necessidades dos outros que pouco tempo lhes sobrou para suas próprias vidas, especialmente nas áreas de realização. Com freqüência necessitam fazer uma avaliação pessoal de suas próprias metas de carreira e do que gostariam de fazer com suas vidas. Ao crescerem como indivíduos por seu próprio esforço, não apenas se sentem melhor e mais autoconfiantes, como também começam a apreciar um relacionamento mais próximo com seus parceiros.

Parceiro superprotetor versus criança desamparada

Como já vimos, esse é um relacionamento no qual um parceiro tende a agir como pai superprotetor ou a exercer controle sobre o outro, tudo para "o bem do outro", na verdade auferindo um senso de satisfação pessoal dessa capacidade de tomar conta do parceiro menos competente. O parceiro criança desamparada ainda não desenvolveu autoconfiança e necessita apoiar-se no parceiro mais bem-sucedido. Como conseqüência idolatra-o, mas, ao mesmo tempo, ressente-se com o parceiro mais poderoso.

Ilustremos esse tipo de relacionamento com o caso de William e Sue. Ele tem 29 anos, ela, 24. William é um arquiteto realizado. Conheceu Sue há três anos, quando ela foi trabalhar em seu escritório como secretária. Namoravam durante seis meses e se casaram. William veio de uma família da classe média alta. Seu pai era um homem de negócios bem-sucedido. A mãe criou três filhos, dos quais William era o primogênito. A família não era muito próxima emocionalmente, mas supervalorizava a realização acadêmica. William destacou-se no colégio e na faculdade de arquitetura. Ser um arquiteto bem-sucedido era uma das metas mais importantes em sua vida.

Sue foi criada num ambiente abertamente tolerante e superprotetor. Era a mais nova de três garotas. Foi mimada e bastante protegida pelos pais. Na época escolar, Sue era bem atraente, líder das torcidas, mas era uma aluna regular. Não desenvolveu nenhum talento especial. Nunca foi à faculdade porque não se sentia inteligente o suficiente para tanto. Em vez disso, freqüentou o curso de secretariado, e tornou-se secretária num escritório. Em virtude de sua excelente aparência, pouco tinha de fazer para atrair os homens. Mas, apesar de seus inúmeros pretendentes na escola, não se sentia especial e achava que tinha pouco a oferecer a um homem.

Ao terminar a escola, mudou-se para um apartamento com a irmã mais velha. Logo depois conheceu Dan, um vitorioso homem de negócios, dez anos mais velho. Ele era bem charmoso e confiante, e depois de namorá-lo por dois meses, casou-se, por impulso. Os problemas surgiram quase de imediato. Dan a agredia verbalmente, no começo, e mais tarde fisicamente também. A princípio, Sue sentiu que esse comportamento abusivo devia-se a erros seus; acusava-se por isso e se esforçava para agradar Dan. Isso teve um resultado contrário ao esperado, pois durante um ano Dan prosseguiu com os abusos. Finalmente, desesperada, Sue contou aos pais a situação; com seu apoio e encorajamento abandonou Dan e dele se divorciou. Após deixá-lo, morou na casa dos pais por um ano. Eles se preocupavam constantemente com ela e queriam saber tudo o que acontecia em sua vida. Sue não saiu com mais ninguém até conhecer William, cerca de seis meses após seu divórcio.

Em sua mente, William não era tão charmoso, nem tão extrovertido como Dan, mas, ao contrário, quieto e reservado. Não era impetuoso, como Dan, mas calmo e tranquilo. Tinha um ar de autoconfiança que Sue admirava. Sabia para onde estava indo e era realizado como arquiteto. Nesse momento de sua vida, Sue se sentia frágil e vulnerável; William parecia-lhe forte e capacitado. Quanto a William, este via Sue como maravilhosa e diferente das mulheres com quem havia saído. Surpreendeu-se por ela ter se sentido atraída por ele, pois não era particularmente bonito ou atlético. Percebeu que ela precisava de apoio e incentivo, portanto, quando começaram a sair juntos, passava horas escutando-a e conversando com ela. Estabeleceu-se rapidamente um padrão nesse relacionamento: Sue era fraca e vulnerável, e William forte e competente, e cuidaria dela.

Depois de um namoro de seis meses, casaram-se. Nessa época o padrão pai superprotetor *versus* criança desamparada estava firmemente estabelecido. Depois de vários anos de casamento, contudo, a autoconfiança de Sue começou a crescer. Sempre quisera ir para a faculdade, mas nunca se julgara capacitada para tal. Com o apoio de William aliado a sua recém-conquistada autoconfiança, matriculou-se na faculdade local. A princípio, William a encorajava. Contudo, ao vê-la conquistar sucesso acadêmico e tornar-se mais independente, começou a ter medo que ela deixasse de precisar dele tanto como antes, e de perder sua linda esposa. William não percebeu que enquanto Sue adquiria mais independência ele se tornava mais superprotetor e controlador. Dizia-lhe que ela não era tão brilhante quanto ele, chamava-lhe a atenção por ter dificuldades em uma ou outra disciplina. Chegou ao ponto de sugerir que ela saísse da faculdade e reassumisse seu trabalho como secretária.

Com essa crescente pressão, Sue começou a se sentir sem saída. Queria satisfazê-lo, não queria sua inimizade, mas também desejava a educação acadêmica pela sensação de realização e conquista que esta lhe trazia. Com o tempo, uma tensão sutil foi crescendo entre eles. Em quatro meses, Sue emagreceu bastante, perdendo cerca de quinze quilos. Como conseqüência dessa perda de peso, eles discutiram menos sobre a faculdade e mais sobre como fazer para que ela recuperasse o peso. Durante esse período, William ficou menos crítico e mais preocupado e protetor, como era no passado. Apoiava totalmente qualquer tentativa de Sue para ganhar peso, mas ela não tinha apetite e nada que fizesse parecia ajudá-la. Ela estava confusa e transtornada pela excessiva perda de peso; nesse ponto, buscou tratamento.

Durante o tratamento individual e do casal, ambos mudaram esse padrão pai superprotetor *versus* criança desamparada. Sue percebeu que nunca se afirmara realmente, nem conquistara sua própria identidade. Sempre confiara excessivamente em alguém: seus pais, seu primeiro marido e agora William. Sentia que precisava de William; admirava-o pelo seu sucesso profissional e suas habilidades intelectuais, mas também ressentia-se de ser tão dependente dele.

Não havia trabalhado a fundo ou desenvolvido nem a habilidade de ser ela mesma, nem sua realização pessoal e necessidades de carreira. Um momento decisivo ocorreu quando ela decidiu sair de casa, sozinha, para freqüentar aulas numa faculdade distante cerca de 40 quilômetros. Alegava que a faculdade local não oferecia uma disciplina necessária para o diploma. Mas na realidade, o que precisava era estar só, pela primeira vez na vida. Jamais vivera sozinha antes, e esse movimento simbolizava crescer e tornar-se adulta por esforço próprio. Contou que passou a engordar quase imediatamente à sua mudança para a nova faculdade; em seis meses readquirira o peso normal. Durante esse ano, desfrutou de um considerável sucesso acadêmico e tornou-se mais segura e autoconfiante.

William ficou infeliz com a decisão de Sue de se mudar para longe por um ano. Alternavam viagens durante os fins de semana. Agora ela tinha sua vida própria e era igual ao marido, algo inédito durante o casamento.

William também teve de mudar para que o casamento sobrevivesse. Como representava o papel de pai superprotetor, foi obrigado a aprender a deixar Sue viver por própria conta, o que era difícil para ele. Embora possuísse muita confiança em suas habilidades acadêmicas, não era tão confiante como pessoa. Temia que Sue pudesse abandoná-lo no momento em que passasse a "conhecer o mundo" e a viver de maneira independente. Mas sua atitude superprotetora foi exatamente o que a asfixiou e afastou. E a habilidade de se desapegar e deixá-la mudar-se para longe na realidade aproximou-os. Descobriu que, mesmo com o aumento de independência e autoconfiança de Sue, ela ainda o amava — mas pela pessoa, e não pelo pai que era. Isso deu ao casamento uma base mais equilibrada. Embora fosse um período de transição difícil, os ganhos positivos de ambos foram muito superiores às dificuldades.

Vemos, então, que no relacionamento do tipo pai superprotetor *versus* criança desamparada, ambos necessitam mudar para atingir um resultado positivo na relação. Parceiros desamparados devem afirmar suas personalidades perante a pessoa amada. Parceiros superprotetores devem abandonar o papel de pais e permitir que os parceiros cresçam como indivíduos, por conta própria. Uma vez conseguido isso, o equilíbrio 80/20 avizinha-se do 50/50. Os ressentimentos abertos e velados, de ambos os lados, são dissipados e substituídos por sentimentos de solicitude, mais positivos.

Pai rabugento versus criança irresponsável

Como vimos no capítulo anterior, neste padrão um parceiro (criança irresponsável) controla o relacionamento por meio de comportamentos inadequados e irresponsáveis, seja em nível pessoal, profissional e/ou social. O consorte pai rabugento assume a posição inicial de submissão e passividade, na esperança de que o outro mude, mas, farto e desencorajado, passa a alternar seu comportamento entre reclamar e tentar persuadir o outro. Com o tempo, o comportamento dos dois se exacerba. O casal se afasta, com muito sentimentos mútuos de raiva e mágoa.

Bob e Sharon estão casados há vinte anos e têm um filho de dezesseis. Bob tem sucesso no ramo imobiliário. Sharon foi professora primária nos primeiros anos do casamento, mas nos últimos sete ou oito anos deixou de trabalhar e ficou em casa. Com o filho já crescido, tinha poucas tarefas em casa. Nos últimos anos, Bob teve um caso com a secretária do escritório. Quatro meses antes de começar o aconselhamento, Sharon descobriu o caso e não parou de reclamar disso. Durante o tempo em que manteve esse caso, Bob gastou muito dinheiro com a outra mulher. De fato, embora ganhasse muito dinheiro, gastava quase tudo com ela, e, freqüentemente, de maneira frívola. Certa vez foi a uma loja e gastou mais de mil dólares em roupas, durante a hora de almoço. Por essa razão, ele e Sharon, agora com cerca de quarenta anos, possuem apenas a casa e nada mais.

Bob cresceu numa família em que a mãe era permissiva e bajuladora. Sua esposa seguia esse padrão. Embora Sharon reclamasse bastante de Bob, na verdade aceitava esse comportamento irresponsável passiva e submissamente ou, em outros termos, sem realmente impor limites reais e concretos a ele.

Quando se iniciou o aconselhamento do casal, Bob ainda mantinha o relacionamento extraconjugal, gastando muito dinheiro, e tendo ataques temperamentais quando não fazia o que queria. Sharon sentia-se bastante infeliz. Não trabalhava, o filho estava quase independente, e ela quase não tinha o que fazer o dia todo, exceto sentir-se deprimida e preocupar-se com a infidelidade de Bob.

A principal estratégia de tratamento consistiu em conseguir que Sharon mudasse seu comportamento. Embora reclamasse de Bob, não ia até o fim sem fraquejar, portanto não estabelecia limites ao seu comportamento. Além disso, sentia-se culpada por reclamar tanto e então tornava-se passiva, deixando Bob à vontade por um período. Depois de vários meses de aconselhamento Sharon conseguiu ter segurança para ser assertiva com ele e aplicar punições, e não palavras, ao comportamento irresponsável de Bob.

No passado, Sharon havia implorado a Bob para que desistisse do caso, dizendo que isso era imoral e que a aborrecia profundamente, mas sem nenhum efeito. Valendo-se de conseqüências, e não de palavras, um dia *fez* as malas dele e mandou-o ficar três dias num motel, para decidir se queria permanecer casado ou divorciar-se. Disse-lhe que não voltasse para casa se não terminasse o caso. Dois dias depois, Bob voltou para casa, prometendo romper o caso com a secretária — e assim o fez: na semana seguinte a secretária mudou de emprego e ele não mais a viu.

Com relação às dificuldades financeiras do casal, geradas pelos gastos estúpidos de Bob, eles concordaram em que Sharon assumiria as finanças e planejaria investimentos. Ela lhe daria uma mesada semanal, com o ele que concordou, e começaria a investir o dinheiro extra.

No passado, quando Bob não queria ir para o trabalho, pedia que a esposa saísse e dissesse à pessoa que lhe dava carona que ele estava doente. Então folgava um dia, ficando em casa. Sharon costumava fazer isso obedientemente. Se ela protestava de algum modo, ele tinha um ataque de raiva, vociferando e jogando sua maleta no chão. Sharon se queixava, mas sempre cedia. À medida que aprendia a ser assertiva, passou simplesmente a lhe dizer, de modo firme, que fosse ele próprio explicar que não ia ao trabalho. Bob então acabava indo trabalhar. Com o tempo, sua assertividade e o estabelecimento de limites com punições ao comportamento de Bob levaram-no a agir de forma mais responsável.

A terapia ajudou Sharon a ver que se envolvia demais na vida de Bob, sem satisfazer suas próprias necessidades. Decidiu voltar a trabalhar. Conseguiu um emprego de professora, o que contribuiu para restaurar sua autoconfiança e fazê-la sentir-se menos dependente dele. Ela não ousava defender-se no passado, pois temia o divórcio, ameaça freqüente de Bob quando as coisas não iam como ele queria. Agora ela descobrira que seu comportamento assertivo não criava a inimizade de Bob, e com essa descoberta, tornou-se mais confiante na asserção. Parecia até que Bob até estava mais atraído por ela, em conseqüência dessa asserção e do estabelecimento de limites.

Trabalhar com um casal em que um parceiro é irresponsável e não é punido por isso, como no caso de Bob, é quase impossível se o comportamento do parceiro mais responsável não for mudado. A transformação do comportamento submisso de Sharon em assertivo e sua coragem de enfrentar comportamentos irresponsáveis foram a chave para mudar seu casamento. Além disso, o casal progrediu de uma divisão 80/20 para uma divisão de quase 50/50.

Ajudar Bob a ver a diferença entre comportamento responsável e irresponsável, e o valor de adiar suas necessidades imediatas para obter uma satisfação mais significativa mais tarde também foi um fator importante para que se tornasse mais responsável. Essa abordagem não teria sido benéfica, no entanto, se sua esposa não tivesse estabelecido limites realistas, mas apropriados, em seu comportamento.

Os casais no padrão parceiro rabugento *versus* criança irresponsável podem ser ajudados, se os parceiros rabugentos entenderem que podem, de fato, mudar seus parceiros. Devem aprender maneiras de sobreviver por conta própria. A compreensão desses aspectos anula a freqüente ameaça de seus parceiros irresponsáveis de abandoná-los, se as coisas não andarem a seu modo. Depois de adquirir autoconfiança, o parceiro rabugento pode aprender a ser assertivo e a impor conseqüências ao comportamento do parceiro irresponsável. Isso leva um relacionamento 80/20 para um 50/50. Além disso, o parceiro irresponsável deve aprender a fazer distinção entre comportamento responsável e irresponsável e se esforçar para atingir suas metas por meio do comportamento responsável. A terapia conjugal obteve êxito nesse caso; os parceiros apreciam mais a si próprios e ao outro, como conseqüência dessas mudanças. Em minha experiência, se o parceiro rabugento consegue mudar, grande é a possibilidade de uma reestruturação positiva do relacionamento. Contudo, se Sharon não conseguisse mudar, se não acreditasse que podia viver sem o marido, tornar-se assertiva e estabelecer limites ao comportamento de Bob, a possibilidade de ele alterar seu comportamento irresponsável seria muito remota.

Resumo

No total, três estratégias básicas podem melhorar seu relacionamento com alguém que ame.

A primeira consiste em *lidar bem com cinco temas críticos* enfrentados por todos os casais no relacionamento amoroso. 1. habilidades interpessoais de comunicação (dar e ser assertivo); 2. compatibilidade sexual; 3. resoluções eficazes de conflitos; 4. desenvolvimento da intimidade emocional; 5. aprendizado da diversão a dois.

A segunda maneira para fortalecer um relacionamento amoroso é *lidar especificamente com cada aspecto do relacionamento ao qual atribui uma natureza destrutiva.* Isso é feito a partir de uma avaliação do que está errado no relacionamento. Existe um desequilíbrio de poder (80/20)? Você representa papéis rígidos? Encontra-se num padrão contraproducente (como parceiro rabugento *versus* apaziguador)? Depois de avaliar seu relacionamento, você poderá dar os passos específicos para corrigir o problema.

A terceira estratégia é *trabalhar um pouco em si mesmo*, para se sentir mais realizado e satisfeito como pessoa. Pode ser-lhe necessário crescer como pessoa por esforço próprio. Por exemplo, se o que lhe falta é autoconfiança, há coisas específicas a fazer que incrementam bons sentimentos a seu próprio respeito. Se você não consegue satisfazer suas próprias necessidades, pode dar passos específicos para corrigir essa situação. A próxima seção lida especificamente com maneiras eficazes de aumentar seu amor-próprio e satisfazer suas necessidades.

3ª Parte

Como enriquecer a relação amorosa a partir do amor-próprio

9

Quatro necessidades psicológicas básicas

Introdução

Até aqui mostramos a importância de habilidades que podem ser desenvolvidas conjuntamente pelos parceiros a fim de melhorar a qualidade de sua relação amorosa. Nesta seção final, exploraremos habilidades que cada um deve aplicar em si próprio para se sentir melhor como pessoa. Isso acontecendo, você deverá ser capaz de amar mais a si próprio.

Nunca é demais realçar a idéia de que, para obter amor verdadeiro dos outros, primeiro você deve amar a si próprio. Para atingir o êxito num relacionamento homem/mulher, precisa sentir-se bem com você.

Supostamente, quanto melhor você se sentir consigo, mais facilmente amará alguém e aceitará o amor dessa pessoa. Ademais, quanto mais psicologicamente saudável você for, tanto mais saudável será seu parceiro. O contrário também se aplica. Se você se sentir infeliz e carente, provavelmente escolherá alguém que se sinta assim. Freqüentemente, nesse aspecto, as pessoas opostas não se atraem. É mais provável que os parceiros sintam o mesmo bem-estar psicológico. Faz sentido, então, que quanto mais feliz e saudável você for, mais saudável será o parceiro que escolher, e o relacionamento que efetivarão.

Aprender a amar a si próprio não é uma tarefa fácil e, como adulto, isso requer um trabalho intenso e diligente de sua parte. Vale o provérbio: "É impossível amar alguém antes de amar a si próprio". Mas poucos sabem o que fazer para amar mais a si mesmos.

Nestes dois últimos capítulos, você aprenderá o que é essencial para se tornar mais compassível para consigo, e que passos pode dar para se amar e se aceitar melhor.

Aprenderá sobre as quatro necessidades psicológicas básicas de todos os seres humanos. Se puder ser capaz de satisfazê-las de um modo mais consistente, terá percorrido um grande parte do caminho que conduz à felicidade, à diminuição da tensão e a uma maior auto-aceitação e alegria.

Necessidades humanas

Todos têm necessidades que devem ser supridas para garantir sua sobrevivência como espécie. Elas podem ser subdivididas em três amplas áreas: necessidades biológicas e de sobrevivência, necessidades psicológicas e necessidades espirituais.

As necessidades biológicas e de sobrevivência incluem alimentação, vestimenta, abrigo e a sensação de segurança. Devem ser saciadas simplesmente para que os seres humanos continuem vivendo. Além disso, sem sua prévia satisfação, nenhuma das outras necessidades poderá ser satisfeita.

Essas outras necessidades não são absolutamente fundamentais para a sobrevivência física, porém determinam a qualidade da sobrevivência social, como ser humano. Atender às necessidades psicológicas significa sentir proximidade com os outros e ter com eles um bom relacionamento, ser quem realmente somos, possuir uma identidade própria, sentir que terminamos com êxito nossos empreendimentos, e finalmente, relaxar e apreciar atividades de lazer. A última categoria de necessidades, necessidades espirituais, inclui uma vida espiritual e o relacionamento de cada pessoa com Deus.

Muito embora ninguém possa negar que uma parte do relacionamento homem/mulher diga respeito às necessidades biológicas e de sobrevivência, assim como às espirituais, esta seção abordará apenas as necessidades psicológicas no contexto do relacionamento a dois. Não pretendo menosprezar a importância das outras duas, especialmente das espirituais. Essa orientação apenas reflete meu treinamento como psicólogo e terapeuta conjugal.

Necessidades psicológicas

Todos têm quatro necessidades que devem ser supridas durante o curso da vida. São elas:

1. A necessidade de relacionamentos próximos e amorosos.
2. A necessidade de autonomia e independência como pessoa.
3. A necessidade de realização e sucesso.
4. A necessidade de distração e diversão.

Cada uma delas está presente quando nascemos ou logo depois disso, e continua existindo durante o ciclo da vida. Cada uma se manifesta de modo ligeiramente diferente em cada estágio do crescimento. Por exemplo, a necessidade de relacionamento de um recém-nascido resume-se a receber amor maternal (ser segurado, acariciado, protegido). Contudo, a mesma necessidade de relacionamento num adolescente do sexo masculino pode ser suprida se o pai, com apoio e atenção, ouvi-lo extravasar sua frustração por não ocupar a posição desejada no time de basquete da escola. Para um adulto, freqüentemente é satisfeita quando sai com pessoas do sexo oposto, namora e casa. Temos a mesma necessidade de relacionamento presente nas três situações, mas em cada idade com uma expressão diferente. Ao examinarmos essas quatro necessidades, discutiremos como se manifestam para adultos*.

A necessidade de relacionamento

Esta refere-se a desenvolver relacionamentos íntimos, profundos, com as outras pessoas. É a necessidade de amor, apoio, aceitação e posse.

Todos desejam ter intimidade com alguém. Os adultos buscam relacionamentos que preencham suas necessidades sexuais de amor romântico. Querem apaixonar-se e amar. Além da vontade de estar apaixonados, a necessidade de relacionamento abrange o desejo de ser compreendido, ouvido, e aceito pelos outros. Também inclui o desejo das pessoas de sentir que seus relacionamentos são verdadeiros, e que os outros são francos e abertos para com elas.

Essa necessidade de relacionamento pode ser mais bem entendida se a dividirmos em duas grandes áreas: a da amizade e a da intimidade.

A da amizade é expressa pela vontade de ter um lugar próprio entre outros seres humanos. É o desejo de ser aceito, apoiado e aprovado pelos outros. Reflete o desejo de se socializar com os outros de forma agradável e adequada. Em resumo, a amizade é fruto da necessidade de estar com os outros e conviver com eles.

A intimidade reflete o desejo de se relacionar com outros seres num nível mais emocional, profundo. Aqui as pessoas querem sentir que realmente são escutadas e compreendidas, que

---

* Para uma explicação mais detalhada sobre as quatro necessidades psicológicas básicas em um contexto evolucionário, e sobre como aparecem no relacionamento pai-criança, veja *IMPACT Parent Training: Becoming a Successful Parent*, de E. M. Lillibridge e Andrew G. Mathirs, publicado por Marriage Encounter, Inc. 1982.

podem compartilhar seu verdadeiro eu, e que serão aceitas pelo que são. Ainda querem dar de si, sabendo que serão aceitas e que o que dão enriquecerá a vida dos outros. Além disso, querem conviver e se divertir com aqueles que amam. Portanto o relacionamento envolve a necessidade de relacionar-se com os outros, dar-se para os outros e receber dos outros.

Necessidade de autonomia/independência

A necessidade de relacionamento envolve basicamente amor, aprovação e aceitação de "outras pessoas significativas". Tem cunho interpessoal, pois envolve estar com uma outra pessoa. É geralmente positiva e une as pessoas de maneira íntima. Já a necessidade de autonomia/independência não envolve realmente as pessoas como a necessidade de relacionamento; consiste na necessidade de ser quem realmente se é, de maneira distinta e separada dos outros. Envolve o afirmar-se perante os outros, expressando suas próprias necessidades e desejos.

Seu verdadeiro início ocorre aproximadamente aos dois anos de idade. Nesse momento, pela primeira vez, as crianças se percebem como diferentes dos outros, e querem fazer coisas sozinhas, separadas dos pais. Em muitos livros para pais, lê-se que essa fase é conhecida como "a terrível idade dos dois anos". As crianças começam a sentir seu próprio poder como indivíduos, e afirmam sua personalidade dizendo "não" aos pais, ou opondo-lhes resistência.

Da mesma forma que a necessidade de relacionamento, a necessidade de ser autônomo e independente persiste durante a vida toda. Opera em dois níveis. Primeiro, numa base diária, cada vez que você demonstra sua preferência por alguma coisa, seja ela uma refeição, a escolha de um filme, ou como gostaria de passar o tempo, você está afirmando sua preferência como pessoa a respeito do que é bom para você. Portanto, a cada dia, de maneira regular, afirma sua necessidade de ser você mesmo, baseado em seus valores, escolhas e preferências.

Segundo, em certos estágios do desenvolvimento, a necessidade de identidade individual freqüentemente torna-se um fato importante, se não o dominante, na vida. A "resistência" de uma criança de dois anos à autoridade dos pais é de caráter impulsivo, imaturo, e em geral inadequado segundo padrões adultos, mas é saudável que a criança tenha essa noção separatista e essa sensação de identidade individual. Um outro estágio de desenvolvimento igualmente importante para a necessidade de autonomia/independência ocorre na adolescência, quando o jovem novamente se torna assertivo, em geral também resistente, preparando-se para se desligar da família e começar uma vida mais separada. Os adolescentes também buscam sua própria identidade, definindo para si próprios seus valores, interesses e desejos. Quando estão lutando pela independência, em geral sentem-se perturbados por sentimentos confusos. Querem estar totalmente sós e ser tratados como adultos, mas ao mesmo tempo desejam a segurança da família. A adolescência pode ser uma fase difícil para pais e filhos.

Um outro estágio do desenvolvimento em que a necessidade de autonomia/independência é pronunciada é o início da fase adulta, quando se deve escolher a carreira, considerar a escolha de um parceiro e determinar o início de uma família. Mais uma vez, a ênfase é em "O que *eu* quero de minha vida?" (via carreira, casamento, família).

A transição para a fase da meia-idade envolve reexaminar as escolhas de carreira, parceiro, e estilo de vida feitas na época da juventude. Semelhante à adolescência, essa fase gera um estado de conturbação interior que em geral solicita um questionamento de valores e identidades. A partir de decisões, pode ocorrer um novo crescimento e mudanças na vida.

Finalmente, aposentar-se traz problemas e benefícios potenciais. E, novamente, vem à tona a questão: "O que *eu* farei de minha vida agora?" Isso agora engloba resolver como passar o tempo de lazer, como se posicionar perante a morte, como se relacionar com os outros nesse novo papel na vida, interromper certas atividades e se acalmar.

Assim, em certos estágios de desenvolvimento (adolescência, início da maturidade e meia-idade) as necessidades de autonomia/independência ficam mais pronunciadas. Além disso, exigem a asserção diária de direitos e preferências individuais. O senso de identidade de uma pessoa advém da capacidade de ela saber quem é e ser capaz de sê-lo.

Reservemos um momento para examinar a relação existente entre necessitar dos outros (necessidade de relacionamento) e necessitar ser você mesmo (necessidade de autonomia/independência), antes de prosseguirmos.

Cada ser humano tem de fazer um malabarismo e equilibrar essas duas necessidades para ser feliz. Não pode sacrificar uma ou outra, sem pagar um preço em termos de auto-estima e da habilidade de amar a si próprio. Se, por exemplo, sua necessidade de obter aprovação, amor e apoio dos outros (a necessidade de relacionamento) se torna absolutamente crítica (isto é, sua vida não pode continuar sem ela), então você começa a fazer tudo e qualquer coisa para agradar aos outros, acreditando que assim será impreterivelmente aceito. Fará de tudo para conseguir a aprovação dos outros, e, obviamente, estará negligenciando suas próprias necessidades (autonomia/independência). Não se torna assertivo com os outros por temer rejeição.

O que acontece usualmente, contudo, é que essa conduta produz resultados contrários aos desejados. As pessoas simplesmente perderão respeito por você, se agir como se não respeitasse a si próprio. Não lhe darão a aprovação que busca mas, muito ao contrário, aceitarão o que você lhes dá sem o valorizar, isto é, na verdade se aproveitarão de você.

Ademais, se você não é assertivo e, pelo contrário, passa o tempo tentando agradar os outros, perde contato consigo mesmo. Começa a perder seu senso de identidade pessoal. Se não desenvolver esse senso, os outros não poderão gostar realmente de você, pois percebem que você não gosta de si mesmo. E você ainda pode se flagrar frustrado por não fazer nada do que aprecia.

Ir na direção contrária, contudo, e suprir exclusivamente as necessidades de autonomia/independência, ignorando as necessidades de relacionamento, também dará origem a problemas. Decidir que a única coisa que importa é ser você mesmo, a qualquer custo, poderá levá-lo a dizer o que quer e a fazer o que quer, independentemente de como isso afete as pessoas. Como resultado, você poderá vir a ganhar um senso claro de quem você é como pessoa, mas poderá ficar muito solitário. Se apenas agir segundo seus interesses, provavelmente estará ignorando as necessidades alheias. Será considerado egoísta e os outros relutarão em estabelecer relacionamentos próximos com você. Então você não receberá apoio, compreensão, ou amor das pessoas, pois elas não desejarão que você tire proveito delas.

Claramente, todos precisam aprender a satisfazer ambas as necessidades — a de identidade pessoal e a de se relacionar de maneira íntima com outras pessoas. Além disso, ambos os lados necessitam de um equilíbrio confortável entre esses dois tipos de necessidades para desfrutar de um relacionamento saudável. No relacionamento contraproducente, por exemplo, esse equilíbrio está desigual. No padrão parceiro irritado *versus* parceiro apaziguador, este último está investindo tudo na necessidade de relacionamento e pouco na necessidade de autonomia/independência. O parceiro irritado age de maneira oposta.

Se ambas as necessidades forem supridas, cada indivíduo sairá fortalecido pelo outro. Se você ama e aceita os outros, sente-se bem consigo. E se está feliz e seguro consigo, naturalmente se dirigirá às pessoas de modo a lhes dar apoio e carinho.

Necessidade de realização

A terceira necessidade básica, a de realização, alinha-se, sob alguns aspectos, com a de autonomia/independência. Consiste no desejo de exercer suas habilidades da melhor maneira possível em qualquer área e conseguir a sensação de realização concomitantemente com o reconhecimento dos outros. Geralmente, ela surge entre as idades de oito e doze anos. Nesse período, as crianças começam a devotar tempo e atenção para atividades tais como trabalhos escolares, esportes ou projetos especiais. Querem distinguir-se em alguma coisa e ser reconhecidas por isso.

Essa necessidade se acentua na adolescência e na fase inicial da maturidade e geralmente é a raiz de uma carreira ou ocupação. A princípio, tanto o desejo de reconhecimento e aprovação social (necessidade de relacionamento) quanto o desejo de independência como uma pessoa distinta (necessidade de autonomia) fomentam o desejo de realização. Mais tarde, ele se internaliza e a realização e competência tornam-se compensadoras por si. A criança pode desejar ser um bom nadador, um saxofonista talentoso, ou um aluno sobressaído. Um adulto pode desejar ser um advogado, um escritor ou um professor. A concretização de uma realização — qualquer que seja — propicia um sentimento agradável a respeito de si próprio e ajuda a fortalecer a auto-imagem.

Esta necessidade também se estende pela vida inteira, tornando-se mais enfatizada na fase adulta. Onde já existe um senso de realização em metas de carreira, o desejo de realização se afunila para buscas fora da área profissional. Isso é particularmente verdadeiro na época da aposentadoria.

Necessidade de recreio/diversão

Uma quarta necessidade demonstrada pelos seres humanos na infância e que permanece durante a vida é a necessidade de recreio e diversão. Recreio é algo que pode ser obtido sozinho ou com alguém. Quem já não observou prazerosamente uma criança absorta em brincadeiras de fantasia e imaginação, representando várias pessoas conversando entre si? Ou garotas e garotos adolescentes conversando, rindo, brincando, como que a flertar e caçoar um do outro? Os adultos aderem a esportes e jogos, socializam-se com amigos, vão a concertos, fazem caminhadas na praia. A diversão permite que as pessoas tenham a oportunidade de relaxar, proporcionando-lhes a tranqüilidade necessária para que apreciem mais intensamente a si mesmos e sintam mais prazer em suas vidas. Em resumo, a necessidade de recreio/diversão é a necessidade de tempo de lazer. É fundamental para que as pessoas se sintam felizes e bem ajustadas.

Como dissemos anteriormente, existe uma interligação entre a necessidade de relacionamento e a de autonomia/independência. O mesmo acontece com a necessidade de realização e a necessidade de recreio/diversão. É importante que as pessoas encontrem um equilíbrio também entre essas duas necessidades para que sejam felizes e bem-ajustadas. Focalizar apenas a primeira (trabalhar noite e dia para se sair bem na carreira) inevitavelmente acarretaria um sacrifício da necessidade recreio/diversão, por sua vez criando tensão. Muitas pessoas que são viciadas em trabalho agem assim: supervalorizam a necessidade de realização com a exclusão das outras três necessidades básicas, negligenciando particularmente o tempo para lazer e relaxamento em suas vidas.

Aqueles que seguem a direção contrária, tentando satisfazer apenas as necessidade de recreio/diversão e menosprezando a de realização, contudo, também têm problemas. Quem já não ouviu a seguinte observação de alguém (talvez de si próprio?): "Eu seria totalmente feliz se jamais tivesse de trabalhar novamente. Adoraria ficar sentado na praia o dia inteiro sem fazer nada". Tal comentário usualmente surge após um dia de trabalho intenso. Não obstante, quando as pessoas realmente tentam passar toda a vida sem fazer nada, apenas relaxando e portanto, abrindo mão de sua necessidade de realização, desenvolvem uma depressão de baixo grau. Esta é experimentada freqüentemente no início da aposentadoria, pois as pessoas não se sentem mais desafiadas por nada. Não têm compromissos aos quais se dedicar intensamente, através dos quais ganhariam um senso de realização e reconhecimento. Mais uma vez, é fundamental atingir um equilíbrio entre a necessidade de realização pelo reconhecimento e sentimento de realização dela advindos e a de recreio/diversão, pelo relaxamento e contentamento que dela advém.

Suprindo todas as necessidades

Embora seja importante atingir um equílibrio entre todas as necessidades, haverá períodos em que uma delas será mais focalizada do que outras. Por exemplo, um estudante que inicia um curso de medicina, ou um executivo recém-promovido a uma função desafiadora, ou, ainda, uma dona de casa que volta ao mercado de trabalho quando seus filhos ficam independentes, despenderão muito mais tempo na necessidade de realização e provavelmente negligenciarão as outras por algum tempo. Ou então, um casal que começou a namorar, apaixonado pela primeira vez, poderá estar preocupado com a necessidade de relacionamento, esquecendo-se um pouco de todo o resto. Qualquer pessoa que tenha trabalhado intensamente durante um ano certamente desejará relaxar e não fazer nada nas férias, deixando a necessidade de diversão predominar em seu tempo e pensamento. Essa ênfase excessiva sobre uma determinada necessidade e sob determinadas circunstâncias é normal e compreensível.

Também é importante reconhecer que se envolver numa atividade pode levar à satisfação das quatro necessidades. Por exemplo, há alguns anos aprendi a velejar, na época em que buscava algo novo e diferente em minha vida. Nunca velejara antes e o motivo de velejar relacionava-se à minha necessidade de autonomia/Independência. Queria velejar; era excitante e desafiador para mim. Senti que me afirmava em uma nova área da vida. Meu foco era em mim e no fato de que eu fazia algo novo. Após aprender a velejar e vencer o medo e a apreensão relacionados às técnicas de velejar, esse esporte tornou-se mais focalizado em minhas necessidades de recreio/diversão. Ia à praia para velejar, relaxar e tomar sol. Depois de algum tempo entrei para um clube e comecei a participar de regatas. Minha necessidade de realização então assumiu controle. Nesse momento já não queria apenas velejar, mas também velejar bem e competir com os outros. E, finalmente, o clube ainda me proporcionou um novo grupo social, no qual novas amizades se desenvolveram, atendendo assim à minha necessidade de relacionamento. Dessa forma, apenas uma atividade, neste caso velejar, foi capaz de suprir minhas quatro necessidades básicas.

O primeiro passo para aprender mais sobre você mesmo é reconhecer que todas as pessoas têm quatro necessidades psicológicas básicas, e a meta é satisfazer todas as quatro, e não apenas uma ou duas.

Um exercício de auto-avaliação das necessidades psicológicas

Na seção a seguir, existem algumas perguntas específicas sobre cada necessidade psicológica básica. Por sua natureza, não são destinadas a abranger tudo, mas, em vez disso, a levá-lo a pensar sobre essas necessidades em termos pessoais. O objetivo desse exercício é ajudá-lo a avaliar em que medida você está ou não satisfazendo suas necessidades.

Após cada grupo de perguntas há um ou dois breves parágrafos descrevendo as dificuldades comuns que a maioria das pessoas têm para satisfazer uma necessidade específica. Se você está tendo dificuldade em satisfazer quaisquer delas, esta seção pode lhe fornecer indícios sobre as razões disso.

Necessidade de relacionamento
(amor, aceitação, carinho, amizade, companheirismo)

1. Você consegue se socializar e conhecer pessoas facilmente? ___sim ___não

2. Sente a necessidade de sempre agradar aos outros e fazer o que eles querem? ___sim ___não

3. Tem um relacionamento íntimo no momento? ___sim ___não

4. Se respondeu sim a (3), esse relacionamento está indo bem no momento? ___sim ___não

5. Tem amigos que, a seu ver, aceitam-no pelo que você é e não pelo que poderia ser? ___sim ___não

Nesse ponto, o objetivo desejado é ter a capacidade de relacionar com os outros e possuir intimidade com pessoas.

Os problemas usualmente se ampliam quando você se sente pouco à vontade enquanto está convivendo com as pessoas. O medo subjacente é o de ser rejeitado por outros. Esse medo freqüentemente conduz a dois tipos de comportamento: a timidez, que o leva a evitar outras pessoas de modo a escapar a uma rejeição dolorosa; ou a atitude de agradar aos outros, fazendo qualquer coisa por eles, no afã de satisfazê-los para não ser rejeitado.

Sua meta deveria ser assumir os riscos necessários e apropriados para se aproximar dos outros e satisfazer suas necessidades de relacionamento.

Necessidade de autonomia / independência
(ser você mesmo, ser capaz de ser assertivo com os outros)

1. Você consegue ser assertivo e discordar de pessoas próximas a você? ___sim ___não

2. Você consegue ser assertivo com pessoas distantes (amigos distantes, vendedores, mecânicos)? ___sim ___não

3. Quando teme fazer algo, ainda assim você o faz ou evita fazê-lo? ___faz ___evita

4. Toma suas próprias decisões ou confia nos outros para ajudá-lo?
___decisões próprias ___outros decidem

A sua necessidade de autonomia/independência diz respeito a tomar suas próprias decisões e defender seus direitos sendo assertivo com os outros. Também está relacionada a desenvolver um senso de autoconfiança, enfrentando e realizando coisas que tememos mas que queremos fazer (como vencer o medo de falar em público ou de voar). Quanto mais fizer essas coisas, mais autoconfiante será e mais se aceitará.

Necessidade de realização.
(esforçar-se para realizar coisas com o
máximo desenvolvimento de suas habilidades)

1. Tem um trabalho estimulante e compensador?
   ___sim   ___não
2. Adia suas ações em seu emprego?
   ___sim   ___não
3. Você trabalha demais, a ponto de não apreciar seu trabalho?   ___sim   ___não
4. Relacione várias coisas nas quais está presentemente trabalhando, que sejam excitantes e desafiadoras (projetos, emprego, novas habilidades)
   a._____
   b._____
   c._____
   d._____

Há duas indicações de possíveis dificuldades na área de realização. A primeira é quando você nota que possui uma atitude perfeccionista em relação a si próprio e a seu trabalho, que está exigindo demais de si, pois provavelmente você está a caminho de se tornar uma pessoa viciada em trabalho. A segunda é quando decide evitar tarefas ou difíceis por um excessivo medo de falhar, pois então irá "enrolar" na hora de realizá-las. Portanto, é importante trabalhar no sentido de aceitar desafios e conquistar algo que realmente valorize, e tentar evitar ser derrubado ou por medo de errar ou por exigir demais de si.

Necessidade de recreio / diversão:
(descansar, relaxar, tempo de lazer)

1. Você tem passatempos e atividades agradáveis e relaxantes?
 ___sim ___não
2. Liste de cinco a dez coisas que faz por prazer
    a. _____
    b. _____
    c. _____
    d. _____
    e. _____
    f. _____
    g. _____
    h. _____
    i. _____
    j. _____
3. Agora, ao lado de cada uma, coloque a data da última vez em que a realizou.

Com freqüência, várias coisas podem impedir que você consiga e aprecie tempo livre. Por exemplo, será impossível atender a sua necessidade de diversão se você enfatiza demais sua necessidade de realização, não encontrando tempo para relaxar. Uma outra coisa que pode interferir em seu tempo de lazer é realizar as atividades que aprecia de forma altamente competitiva. Competições podem ser agradáveis e apropriadas, mas quando todas as atividades têm natureza competitiva — quando você se diverte apenas quando vence um jogo de tênis ou raquete, por exemplo, você não está satisfazendo a necessidade de diversão. Está substituindo a necessidade de recreio/diversão por uma excessiva ênfase na competição. Então, é relevante encontrar atividades que ajudem a relaxar e ter prazer, e praticá-las regularmente com o foco no prazer e não no vencer a qualquer custo.

Resumo

Este capítulo enfatizou a importância das quatro necessidades psicológicas básicas da vida. Uma pessoa disposta a trabalhar um pouco pode aprender a satisfazê-las. Aprender a satisfazer todas elas: aproximar-se das pessoas, ser quem realmente é, desenvolver suas habilidades ao máximo em qualquer atividade, e aprender a relaxar e a se divertir, o tornará uma pessoa melhor e mais positiva.

Meu colega, Dr. Andrew Mathirs, e eu desenvolvemos uma lista que visa avaliar em que grau as pessoas satisfazem essas necessidades psicológicas básicas*. Descobrimos que se essas necessidades são constantemente satisfeitas, a auto-estima e a auto-aceitação crescem. Quando as pessoas têm bloqueios para conseguir satisfazer ainda que apenas uma delas, isso afeta de maneira adversa seu senso de valor próprio. Quando as pessoas podem receber auxílio com terapias ou outros meios para satisfazer as necessidades que não têm conseguido atender, seu amor-próprio aumenta.

A satisfação dessas necessidades psicológicas, portanto, sustentará uma boa parte do caminho em direção a aprender a amar e a aceitar a si próprio. O amor-próprio e a auto-aceitação, por sua vez, conduzirão à construção de um relacionamento amoroso saudável.

---

* Para informações sobre essa lista de auto-avaliação (PAI) e a Interpretação impressa por computador, escreva para o autor: University Professional Center / 3 500 E. Fletcher Avenue / Suite 509 / Tampa, Florida , U.S.A. 33612

10

Fortalecendo o amor-próprio

No capítulo nove, uma das quatro necessidades psicológicas básicas abordadas foi a de autonomia-independência, que reflete não apenas o desejo de ser separado e distinto dos outros, mas também o de seguir um curso de ação baseado em valores e metas pessoais . A satisfação dessa necessidade desenvolve a identidade individual e estimula o senso de auto-estima das pessoas.

Neste capítulo exploraremos como o amor-próprio pode ser aumentado. Ele é composto de dois elementos principais: suas atitudes para consigo mesmo e o seu comportamento. Suas atitudes e seu comportamento podem aumentar ou diminuir sentimentos de auto-estima.

Atitudes positivas

Examinemos algumas das atitudes necessárias para ganhar não somente auto-estima, mas também uma maior auto-aceitação.

Perfeccionismo. Um dos maiores entraves à estruturação da auto-estima é a expectativa de perfeição, o estabelecimento de padrões demasiadamente elevados de atuação, que são basicamente irrealistas e inatingíveis. Infelizmente, um grande número de pessoas tende a pensar em termos perfeccionistas como: "Não estarei satisfeito com meu desempenho enquanto não estiver perfeito"; ou, "Se você não puder fazer certo, é melhor não fazer". Se você acredita em tais afirmações, achará impossível realizar qualquer coisa, porque os seres humanos são falíveis e não podem jamais ser perfeitos em alguma coisa.

Se acredita em perfeccionismo, está dizendo que não se amará enquanto não realizar algo imaculado. A auto-aceitação, portanto, fica reprimida até que algo seja feito ou executado do exato modo desejado. Mas os seres humanos, por natureza, estão inclinados a cometer erros, às vezes, e jamais atingirão a perfeição. Se você não conseguir aceitar essa realidade, estará num conflito interior na maior parte do tempo. Esse conflito interior é extravasado em observações autocríticas e autopunitivas que visam "nos modelar", mas que, ao contrário, conduzem-nos a uma atuação mais "pobre" e à perda de auto-estima. Note o exemplo seguinte:

Margie tinha 25 anos, era casada e não tinha filhos quando veio me ver para aconselhamento. Na época em que iniciou o tratamento, era um rodamoinho de atividades. Estudava na faculdade durante tempo integral, trabalhava vinte horas por semana num emprego de meio período, realizava uma pesquisa para sua tese de mestrado, e era membro ativo de várias organizações escolares (sendo presidente de uma delas). E isso não era tudo: também mantinha a casa limpa e preparava todas as refeições para si e para o marido. A um observador casual, Margie pareceria feliz e ocupada; contudo, interiormente, estava atormentada porque nada do que fazia era suficientemente bom para ela. Constantemente censurava seu próprio desempenho em tudo o que fazia: suas notas não eram tão boas (tirava sempre entre 8 e 10); sua casa não era tão limpa (o marido contou que a casa era imaculada); trabalhava mal como presidente de sua organização (recebera altos elogios do corpo docente e de seus colegas pelo trabalho exemplar); e assim seguia sua autocrítica. Em resumo, Margie era uma perfeccionista; era extremamente autocrítica e tendia à depressão se não estivesse continuamente trabalhando e tendo sucesso em algo. Não conseguia relaxar e satisfazer suas necessidades de recreio/diversão porque isso era "perda de tempo". Sentia que deveria estar fazendo algo mais importante e valioso.

Durante vários meses, Margie teve de aprender a se desapegar de seu perfeccionismo e a aceitar padrões e metas mais realistas e apropriadas para si. Foi só então que realmente conseguiu começar a gostar de si própria e, por fim, a se amar e se aceitar. Como esse caso ilustra, o perfeccionismo pode ser um grande bloqueio no aprendizado do amar a si próprio.

A primeira atitude positiva que você deve tentar observar, então, é basear-se em percepções realistas a seu respeito e estabelecer padrões realistas, e não perfeccionistas, para seu desempenho.

Medo de Falhar. O perfeccionismo freqüentemente leva a um comportamento de viciado em trabalho, como era o caso de Margie, por pensar que com apenas um pouco mais de trabalho as coisas se endireitam. O medo de falhar é o outro lado da moeda do perfeccionismo. Nesse caso, o medo de falhar ou de cometer erros conduz ao adiamento e a evitar trabalho. Novamente, o comportamento de evitar leva a uma perda de auto-estima. O que deve ser entendido é que falhar em algumas coisas é normal. Todo mundo o faz. A maioria das pessoas comete cerca de vinte erros por dia, grandes e pequenos. Se não puder aceitar o fato de que comete erros, você terminará por se odiar e realizará poucas coisas em sua vida, se é que conseguirá realizar alguma.

O medo de falhar pode literalmente paralisar muitas pessoas. Por medo de fazer algo, por acharem que têm ser perfeitas, ou por não tolerarem erros, elas se tornam completamente obstruídas. O perfeccionismo e a medo de falhar em geral interferem indiretamente nas Necessidades de Realização.

Veja o caso de Nancy. Casada, tinha um filho pequeno que recentemente atingira a idade escolar. Nancy deparou-se com um imenso vazio em sua vida quando seu único filho entrou para a escola ao mesmo tempo em que ela desistiu de um emprego voluntário de meio período que tinha há vários anos.

Vários empregos bem-remunerados foram-lhe oferecidos em virtude de seu excelente trabalho na organização voluntária. Entretanto, rejeitou todos, dizendo que tinha horror a aceitar um "emprego verdadeiro" por um salário. Equiparava trabalhar por dinheiro com um novo conjunto de padrões para si, ou seja, que nessa situação não poderia cometer erros. Nancy tinha a obsessão de jamais cometer erros. Constantemente vivia tentando antecipar e corrigir problemas antes que ocorressem.

Seu medo de falhar afetou diretamente sua auto-estima. Queria trabalhar porque obtivera uma grande satisfação em seu trabalho voluntário. Mas estava paralisada por seu medo de falhar, e se tornara sarcástica e autocrítica por não conseguir sair e arranjar um trabalho remunerado. Sua incapacidade de aceitar um emprego — mesmo um que pensasse que iria apreciar — deixava-a culpada e deprimida. Precisava aprender a não colocar na mesma balança o fato de cometer erros ou falhar em algo e seu valor próprio. Precisava aprender que todos cometem erros e que isso é parte dos seres humanos. Nancy precisava aprender a aceitar seus erros, falhas e fraquezas e entender que ela também poderia aprender com eles, e assim reduzir as chances de cometê-los no futuro. Sua meta ao lidar com seus erros humanos comuns é aprender com eles, em vez de se criticar ou menosprezar, pois isso somente levará à culpa e à depressão.

Se não forem tratados de forma apropriada, tanto o perfeccionismo quanto o medo de falhar podem ser golpes letais no amor-próprio e no aprendizado do amar a si.

Aprendendo com as falhas. Aprender com as falhas liga-se ao perfeccionismo e ao medo de falhar. Entretanto, uma das grandes diferenças entre as pessoas bem-sucedidas e as não realizadas é que as primeiras aceitam os erros como sendo humanos. Aprendem o que podem com seus erros e depois esquecem o assunto e seguem adiante. Não se demoram em suas "mancadas" e falhas. As pessoas não realizadas agem de forma contrária. Exageram o foco sobre seus erros e ignoram suas realizações.

Se você falhar em algo, pode reagir de duas maneiras. Pode ser autocrítico e se acusar dizendo: "Nunca tentarei fazer isto de novo" ou "Que estúpido que sou!" Essa abordagem gera uma autocrítica maior, depressão e culpa, e freqüentemente o leva a evitar ações ou ainda a tentar realizar coisas perfeitas demais como compensação. Ou você pode reagir à sua falha por meio da adoção de um modelo de solução de problemas. Quando cometer um erro, aceite-o e depois pergunte a si mesmo: "O que causou isso? Pode ser corrigido?" Se não puder ser mudado ou desfeito, aceite-o e siga em frente. Se puder ser corrigido, descubra a melhor forma de fazê-lo e, depois, implemente uma estratégia para a mudança apropriada imediatamente. A chave é evitar acusar a si mesmo e, em vez disso, focalizar na correção do problema.

Tanto Nancy quanto Margie tiveram de aprender a ser menos autocríticas; tiveram de aprender a focalizar menos em si mesmas e mais no problema à mão. Uma vez feito todo o possível para corrigi-lo, aprenderam a esquecer o assunto e continuar a vida. Desse modo puderam sentir-se menos culpadas e deprimidas e tiveram menos raiva de si e, por fim, mais amor próprio e auto-aceitação.

Elogiar-se. Aprender a se elogiar significa desenvolver uma atitude positiva em relação a si próprio. Muito freqüentemente as pessoas são rápidas em criticar seus próprios erros ao mesmo tempo em que ignoram as coisas que fazem bem. Fariam melhor se invertessem esse processo de vez em quando e ignorassem algumas falhas enquanto reforçassem suas realizações. A maioria das pessoas acha fácil elogiar realizações alheias, mas elas têm grandes dificuldades em dar a si próprias um honesto tapinha nas costas.

Todos precisam dar a si próprios carícias positivas e recompensas tangíveis pelo bom trabalho que executam. Uma carícia positiva é simplesmente uma afirmação que demonstre o bom trabalho feito. Por exemplo, após escrever um relatório complicado ou terminar um trabalho particularmente difícil, simplesmente diga a si próprio: "Isto foi difícil e eu me saí muito bem. Estou orgulhoso do modo como lidei com isso". Inicialmente, dizer tais coisas pode parecer presunçoso ou muito artificial. Mas, lembre-se, elogiar suas próprias realizações legítimas é tão importante quanto elogiar o sucesso dos outros. Tal elogio ajuda as pessoas a aprender como se sentir melhor consigo próprias.

Você ainda pode fortalecer-se dando a si mesmo recompensas tangíveis. Por exemplo, pode querer dar a si mesmo um tratamento especial (como o prato predileto num bom restaurante, um banho quente bem demorado, uma noite de passeio, ou uma semana de férias). Essas recompensas reforçam o trabalho que você faz e são manifestações concretas de que você gosta de si próprio e merece tais recompensas por agir bem. Se você não se apreciar, raramente ou nunca se recompensará por qualquer coisa que realize.

Nancy e Margie tiveram de aprender a elogiar e a recompensar a si próprias de maneira tangível. Ambas tendiam a menosprezar o êxito obtido em suas realizações, encontrando nelas mínimas falhas ou imperfeições. Quando começaram a aprender a se elogiar e a se reforçar positivamente, sentiam-se esquisitas e não merecedoras. Com tempo, paciência e muita prática, contudo, ambas se tornaram mais capazes de aceitar seu legítimo sucesso.

Portanto, se conseguir ser realista e não perfeccionista na avaliação que faz de si mesmo, se não temer falhas mas desejar aprender com os erros, e se aprender a elogiar a si mesmo, você conseguirá uma atitude positiva que aumentará sua auto-estima e sua auto-aceitação.

Comportamento positivo

Obviamente, as atitudes que os indivíduos mantêm a respeito de si próprios influenciam enormemente a percepção que têm de si. Atitudes congruentes com a realidade geram um autoelogio realista e, subseqüentemente, uma auto-estima. Quando as atitudes que os indivíduos têm a seu respeito não se alinham com a realidade, como no caso dos perfeccionistas, será impossível satisfazer tais expectativas, e a auto-estima invariavelmente definha. O comportamento, como as atitudes, pode aumentar ou diminuir a auto-estima.

Estar só. Uma das primeiras coisas que qualquer um pode fazer em termos comportamentais para aumentar sua capacidade de auto-aceitação e auto-estima é passar um tempo sozinho. É importante estar só física e emocionalmente. Estar fisicamente só significa passar um tempo isoladamente, separado de outras pessoas. Pode manifestar-se num fim de semana sozinho na praia, andando de bicicleta, correndo durante uma hora sozinho. A idéia é conseguir estar só, longe dos outros. Esse tempo lhe dará a oportunidade de refletir sobre sua vida, conhecer-se melhor e tornar-se mais confiante.

Estar só emocionalmente refere-se a confiar mais em si do que nos outros. Se você não consegue ficar só, sua percepção de si próprio torna-se muito influenciada pelo que os outros pensam de você, e, como conseqüência, você tende a formar relacionamentos de excessiva dependência. Numa relação dependente, em vez de *querer* estar com alguém, você *precisa* estar com alguém. Isso rapidamente cria um relacionamento 80/20.

Trabalhei em terapia com muitos casais com problemas conjugais que diziam nunca terem estado sós em suas vidas. Uma mulher contou que sempre tinha um namorado, desde que entrou no colégio, até o final da faculdade. Jamais terminara um relacionamento sem antes ter iniciado outro. Quando a vi, estava com dificuldades em seu segundo casamento. Conhecera o atual marido enquanto ainda estava casada com o primeiro.

Quando se separou de seu segundo marido, com trinta anos de idade, pela primeira vez na vida ficou totalmente só emocionalmente. Estava amedrontada porque sentia que precisava ter alguém. Essa crença sempre gerava relacionamentos dependentes com homens, nos quais sentia que precisava deles mas ao mesmo tempo ressentia-se com eles. Precisava aprender a ficar só confortavelmente, como condição prévia ao estabelecimento de um relacionamento amoroso próspero.

Estar só, emocional (ou seja, não depender da constante aprovação dos outros) e fisicamente (isto é, passar tempo longe das pessoas), é um primeiro grande passo para se tornar mais confiante. Quando as pessoas se tornam mais autoconfiantes passam a se aceitar e a se amar mais. O conceito de estar só não significa, contudo, que todos deveriam tornar-se ermitões e evitar outras pessoas, ou que as opiniões e aprovações dos outros devem ser ignoradas. Em vez disso, significa que você deve sentir-se confortável consigo mesmo como pessoa e que consegue passar algum tempo sozinho. Um exercício útil a esse respeito consiste em reservar algum tempo e sair sozinho, ainda que apenas por algumas horas ou um fim de semana. É a melhor forma de vir a se conhecer melhor.

Respeitar-se. Estar só permite que você dependa menos dos outros e adquira mais consciência de si e do que valoriza como pessoa. Ao identificar e tornar mais conscientes seus valores e o que importa para você, então viver à altura desses valores passa a ter sentido. Sua habilidade de fazê-lo será um fator siginificativo em seu respeito próprio.

O conceito de respeitar-se envolve duas variáveis: valores e comportamento. Para que você tenha um senso de respeito próprio saudável, seus valores e seu comportamento devem coincidir. Por exemplo, se você valoriza honestidade e franqueza em relacionamentos pessoais e se vê enganando e manipulando, você está se desrespeitando porque não está vivendo à altura de seus valores. Se, por outro lado, você preza honestidade em relacionamentos íntimos e é genuíno e verdadeiro em suas interações interpessoais, então terá um senso de respeito por si. Portanto, respeitar-se depende do grau em que seus valores e seu comportamento coincidem.

Don estava experimentando uma perda de respeito próprio quando veio fazer psicoterapia. Disse que sempre fora conhecido no ambiente de trabalho como uma pessoa "que vai direto ao ponto". Sempre dava opiniões honestas, falava sem rodeios, e sem dúvida interromperia conversas fiadas para expor uma situação como ele a via. Don apreciava essa imagem de si e seu comportamento era coerente com essa imagem. Porém, dois anos antes de se aposentar, teve um novo chefe, com estilo e temperamento opostos ao seu. Don percebeu que se fosse honesto e direto em áreas problemáticas, seria duramente criticado pelo chefe. Este não se sentia à vontade com a abordagem direta de Don.

Como o relacionamento se tornava cada vez mais tenso entre os dois, Don sentiu — pela primeira vez em sua carreira — que poderia ser despedido e que isso prejudicaria seus benefícios de aposentadoria. Com essa compreensão, Don começou a guardar suas idéias para si. Em seu próprio modo de ver, tornara-se um "capacho" para seu superior. Por seis meses o relacionamento com o chefe melhorou, mas Don sentia que não estava sendo ele próprio. Desrespeitava-se porque seu comportamento e seus valores já não coincidiam. Durante esse período Don começou a beber mais e a se sentir bastante deprimido. Quando finalmente se conscientizou do problema, decidiu trocar de cargo dentro da fábrica e trabalhar para seu antigo supervisor, com quem podia ser ele mesmo. Essa mudança permitiu que Don recuperasse o respeito próprio que estava perdendo.

Um exercício valioso é avaliar seus valores principais e o grau em que você os satisfaz. Para determinar seus valores, você pode se apoiar no capítulo anterior, sobre as quatro necessidades psicológicas (de relacionamento, de autonomia/independência, de realização e de diversão). A maioria dos valores está nessas áreas. Por exemplo, se você valoriza honestidade em relacionamentos, está se referindo às necessidades de autonomia-independência e de relacionamento. Se acredita que cuidar de si conseguindo tempo livre é um valor importante para reduzir a tensão da vida, refere-se à necessidade de diversão. Analisar seus valores principais — o que é importante para você — e depois compará-los a seu comportamento — o que realmente faz — dirá muito sobre o respeito que você tem por si próprio.

Após avaliar seus valores e o que você está fazendo na área que valoriza, poderá anotar passos concretos que podem ser dados no sentido de alinhar seus valores com seu comportamento. A execução desses passos é o que aumentará o respeito próprio. Um conselho: se você tem uma atitude perfeccionista ou se acredita que não pode cometer erros, estará se colocando numa situação de vítima fadada a perder, pois jamais poderá viver à altura de seus valores, independentemente do que faça. Portanto, se decidir mudar seu comportamento, estabeleça metas realistas e permita que erros aconteçam no caminho.

Autoconfiança. A autoconfiança diz respeito àquela força interior originada na crença de que você é capaz de lidar a contento com situações novas e difíceis. De forma mais específica, você começa a desenvolver autoconfiança quando encara as coisas que teme fazer (mas que freqüentemente quer fazer). Por exemplo, há vários anos eu tinha medo de viajar de avião e evitava fazê-lo a todo custo. Por essa razão, raramente podia ver meus pais e irmãos que moram do outro lado do país, rejeitava inúmeros trabalhos de consultoria e abri mão de várias férias agradáveis. Sem dúvida, quanto mais evitava voar, mais meu medo aumentava e, proporcionalmente, minha autoconfiança diminuía. Um dia, li um artigo no jornal a respeito de um curso sobre medo de voar e como vencê-lo. Inscrevi-me no curso e me comprometi a voar por seis horas um ano depois. O curso ajudou, embora ainda me sentisse ansioso durante vários anos após isso. Mas continuo voando regularmente. Venci totalmente meu medo? Não, não totalmente, mas vôo com certo desembaraço — e tenho mais autoconfiança.

Ao encarar medos específicos, sua autoconfiança cresce e também se estende a outras áreas da vida. Novos desafios e velhos obstáculos na vida podem ser abordados com um grau maior de força interior. O oposto, contudo, também vale. Se você não encara seus medos, estes crescem e se multiplicam e sua autoconfiança começa a escapar. Portanto, é importante enfrentar e vencer os medos. A esse respeito, um exercício útil é relacionar algumas coisas que gostaria de fazer mas tem adiado. Depois de elaborar a lista, escolha uma coisa em relação à qual sinta ansiedade, como por exemplo viajar de avião, começar um projeto novo que esteve evitando, ou iniciar um novo passatempo, e comece a programar fazer algo a respeito. Se conseguir fazê-lo sozinho, então comece. Se sentir que necessita de ajuda profissional, busque-a. O importante é começar a fazer algo acerca do problema em vez de adiá-lo ou cancelá-lo.

Tomar suas próprias decisões

Quando você descobre que pode passar um tempo sozinho, vivendo segundo seus próprios valores e enfrentando seus medos, torna-se mais fácil tomar suas próprias decisões. Em termos de fortalecimento de auto-estima, é muito importante ser capaz de tomar decisões sozinho sobre assuntos relevantes para você, sejam eles problemas menores, sejam metas de longo prazo. Problemas tomam vulto quando você confia nos outros ou deles depende, permitindo que amigos, família, cônjuge ou especialistas tomem decisões por você em vez de tomá-las sozinho.

Quanto mais permitir que os outros decidam o que é correto para você, menos obterá o que deseja em cada situação. Um dos melhores modos de apreciar a si mesmo é tomar sua própria decisão sobre um problema. Existe uma tendência comum de pensar que se você não decidir, deixando que seu cônjuge ou um especialista o faça, eles serão responsáveis se as coisas não saírem direito. Contudo, na verdade, eles não são responsáveis, e você é quem sofrerá as conseqüências da decisão. Além disso, se seu cônjuge ou o especialista estiverem certos, então você não conseguirá os créditos e o sentimento agradável que advém de ter tomado a decisão "correta" . Você perde nos dois casos. Para aprender a se amar, você tem de estar disposto a tomar suas próprias decisões e a exercitar seu próprio julgamento independente.

Um exercício útil a esse respeito é tentar o seguinte, na próxima vez que tiver que tomar uma decisão.

Primeiro, passe um tempo isolado, analisando o problema e decidindo como lidar com ele. Durante esse primeiro estágio, não consulte ninguém — apenas confie em si mesmo.

Então, após decidir por conta própria, se desejar, converse com outras pessoas e ouça suas opiniões. Lembre-se, você está solicitando idéias, e não pedindo que ditem o que deveria fazer.

Finalmente, quando tiver suas sugestões, pondere a respeito, chegue a uma decisão e implemente-a.

A prática repetida desse exercício ajudará você a confiar mais em suas habilidades de tomar decisões.

Resumo

Há duas amplas áreas que devem ser entendidas para se desenvolver o amor-próprio: uma, a das atitudes que você tem para consigo, e outra, a de seu comportamento real. Em termos de atitude, você deve se ver e se entender de maneira realista, sem esperar demais de si. Também deve estar disposto a aceitar seus erros e falhas e a aprender com eles, em vez de se criticar. Além disso, você precisa elogiar-se e recompensar-se pelas coisas positivas que realiza. Deve desenvolver comportamentos coerentes com sua auto-imagem; isso o ajudará a desenvolver respeito próprio. Precisa estar disposto a fazer coisas que teme, e desse modo desenvolver autoconfiança. Também é necessário ficar só e tomar suas próprias decisões. A prática dessas oito ações conduzirá ao desenvolvimento de uma auto-estima.

Neste capítulo, examinamos as atitudes e comportamentos necessários para fortalecer sentimentos de autovalorização. As pessoas não nascem abençoadas com amor-próprio; têm de desenvolvê-lo a partir de seu esforço, e ele pode ser aumentado com pensamento e ação. Em resumo, o amor-próprio para adultos não é um dom, mas algo pelo qual devem trabalhar para obter. Para ser próspero numa relação amorosa é vital amar-se. Um dos melhores métodos para aprender a aceitar e amar a si mesmo é fortalecer o senso de auto-estima. Ao consegui-lo, a qualidade de seu relacionamento amoroso melhorará muito.

Conclusão

Neste livro tentei sugerir algumas idéias práticas, viáveis, para auxiliar os casais a atingir um relacionamento amoroso mais bem-sucedido.

Em minha experiência clínica, descobri que a principal área negligenciada pela maioria das pessoas constitui a condição prévia para amar: aprender a amar-se. Por essa razão, expus nos últimos capítulos deste livro maneiras pelas quais as pessoas podem aprender a se amar e se aceitar. Muitas pessoas tendem a se lançar precipitadamente em relacionamentos amorosos, à procura de alguém que fortaleça sua auto-estima, que as faça felizes ou que as ajude a resolver seus problemas pessoais. Mas o amor não pode florescer sob essas pesadas responsabilidades. O amor se desenvolve melhor quando você próprio fortalece sua auto-estima, crescendo e se desenvolvendo sozinho como pessoa.

Em resumo, as pessoas precisam crescer antes de se apaixonar ou casar ou de se envolver num relacionamento. Caso contrário, sobrecarregam aqueles que amam. Aprender a amar a si próprio pode exigir uma disciplina real, mas as recompensas são substanciais quando você é bem-sucedido. Aí poderá então verdadeiramente começar a amar uma outra pessoa.

Freqüentemente tendemos a acreditar que amar é fácil — ou, pelo menos, que deveria ser. Entretanto, para nos sobressairmos numa carreira, sermos bons pais ou boas mães, para adquirirmos maestria em um esporte ou para tocarmos um instrumento musical necessitamos de disciplina, trabalho, tempo, comprometimento e paciência. Para sermos realizados no amor não é diferente. Os parceiros devem evitar os abismos do relacionamento contraproducente e precisam trabalhar para se comunicar eficazmente e aparar as arestas do relacionamento, entendendo suas diferentes naturezas sexuais e tornando-se verdadeiros amigos. Este livro fornece o que eu chamo de matriz para a construção de um bom relacionamento amoroso. Um relacionamento próspero ainda requererá seu comprometimento e muita dedicação. Mas tente — estou certo de que achará que o esforço valerá a pena!

A Editora Nobel tem como objetivo publicar obras com qualidade editorial e gráfica, consistência de informações, confiabilidade da tradução, clareza de texto, impressão, acabamento e papel adequados.

Para que você, nosso leitor, possa expressar suas sugestões, dúvidas, críticas e eventuais reclamações, a Nobel mantém aberto um canal de comunicação.

Entre em contato com:
CENTRAL NOBEL DE ATENDIMENTO AO CONSUMIDOR
Fone: (011) 257-2144 — Fax: (011) 257-2744
End.: Rua Maria Antônia, 108 — São Paulo — CEP 01222-010

Conheça o CBP — Catálogo Brasileiro de Publicações

Única bibliografia atualizada da produção editorial brasileira:
em forma de microfichas e listagens de computador
segmentada por assunto, título, autor e editora.

Informações e vendas:
Fone: (011) 876-2822 (r. 60)

cbp
uma divisão da Livraria Nobel S/A

Livraria Nobel S.A.
Editora   Distribuidora   Livraria

Rua da Balsa, 559 — CEP 02910-000 — São Paulo, SP
Fone: (011) 876-2822 — Telex nº 1181092 LNOB BR
Fax: (011) 876-6988

Filial Rio:
Av. 13 de Maio, 33/8º — CEP 20031-000 — Rio de Janeiro, RJ
Fone: (021) 220-4728 — Fax: (021) 262-9679

Lojas

SÃO PAULO
Centro: R. da Consolação, 49 - Fone: 231-0204
Consolação: R. Maria Antônia, 108 - Fone: 257-2144
   R. Maria Antônia, 316 - Fone: 255-6433
Brooklin: R. Barão do Triunfo, 371 - Fone: 240-4197
Itaim Bibi: R. Pedroso Alvarenga, 704 - Fone: 883-6040
Pinheiros: R. Dep. Lacerda Franco, 365 - Fone: 813-5761
Penha: Shopping Penha - R. Dr. João Ribeiro, 304, lj. 1110 - Fone: 295-4623
Santana: Av. Braz Leme, 2371 - Fone: 298-0145
Granja Julieta: R. Cap. Otávio Machado, 259 - Fone: 524-6702
Butantã: Shopping Butantã - Av. Francisco Morato, 2718, lj. 88 - Fone: 814-6642
Moema: Al. Nhambiquaras, 1443 - Fone: 535-0348
Marginal Pinheiros: SP Market Center - Av. das Nações Unidas, 22540, lj. A4-39
Canindé: Shopping "D" - Av. Cruzeiro do Sul, 1100, lj 1216, 1º Piso
Morumbi: Morumbi Shopping - Av. Roque Petroni Júnior, 1089, lj. 7A - Piso Térreo
SÃO BERNARDO DO CAMPO - SP — R. Marechal Deodoro, 1736 - Fone: (011) 448-0065
SÃO CAETANO DO SUL - SP — Shopping São Caetano - R. Manoel Coelho, 600, lj. 17
   Fone: (011) 744-7017
SANTOS - SP — Av. Conselheiro Nébias, 607 - Fone: (0132) 22-7521
CUIABÁ - MT — Goiabeiras Shopping Center - Av. 31 de Março, 500, ljs. 223/223A
   Fone: (065) 321-9480
CURITIBA - PR — Av. Conselheiro Laurindo, 520 - Fone: (041) 234-0825
BRASÍLIA - DF — Parkshopping - lj. 117B - Fone: (061) 234-0936
TAGUATINGA - DF — Alameda Shopping Taguatinga - CSB 2 lotes 1/4, lj. T-7
   Fone: (061) 351-8879
CACHOEIRO DE ITAPEMIRIM - ES — R. Bernardo Horta, 305, lj. 4/6 - Guandú
   Fone: (027) 522-9188

Vendemos pelo Reembolso Postal
Rua da Balsa, 559 — CEP 02910-000 — São Paulo, SP
Fone: (011) 876-2822

A Editora Nobel procura sempre publicar obras que atendam às necessidades e interesses dos leitores. Com o objetivo de satisfazer de forma cada vez melhor a suas expectativas, elaboramos est questionário. Solicitamos que você responda a ele e o envie para: Livraria Nobel S/A - Departament de Comunicação (Rua Maria Antônia, 108 - São Paulo/SP - CEP 01222-010).
Agradecemos desde já por sua colaboração.
PS - Se você não quiser recortar o livro, transcreva o questionário em uma folha avulsa.

1. Título que adquiriu: _____
   Autor: _____
   Finalidade da compra: _____

2. Você já conhecia os livros publicados pela Nobel?   ❏ Sim   ❏ Não

3. Você já havia adquirido algum livro editado pela Nobel?   ❏ Sim   ❏ Não

4. Qual a sua opinião sobre os livros editados pela Nobel quanto à:
   Qualidade editorial   ❏ Ótima   ❏ Boa   ❏ Regular   ❏ Má
   Qualidade gráfica   ❏ Ótima   ❏ Boa   ❏ Regular   ❏ Má
   Apresentação gráfica ❏ Ótima   ❏ Boa   ❏ Regular   ❏ Má

5. Quais são as áreas de maior interesse para você? (Favor numerá-las, lembrando que o nº 1 corresponde àquela que mais lhe interessa.)
   ❏ Administração e Marketing
   ❏ Agricultura
   ❏ Arquitetura e Urbanismo
   ❏ Artes e Estética
   ❏ Biografias
   ❏ Computação e Informática
   ❏ Direito
   ❏ Ecologia
   ❏ Economia e Negócios
   ❏ Engenharia
   ❏ Esoterismo
   ❏ Fruticultura
   ❏ História
   ❏ Jardinagem
   ❏ Literatura (ficção)
   ❏ Pássaros
   ❏ Peixes ornamentais
   ❏ Psicologia
   ❏ Veterinária e Zootecnia
   ❏ _____
   ❏ _____
   ❏ _____
   ❏ _____

6. Na compra de um livro, pondere a importância de cada uma das variáveis. (O nº 1 corresponde à mais importante.)
   ❏ Preço
   ❏ Capa em cores
   ❏ Formato
   ❏ Número de páginas
   ❏ Número de ilustrações
   ❏ Comentários da imprensa
   ❏ Nacionalidade do autor
   ❏ Assunto abordado
   ❏ Editora
   ❏ Tamanho da letra
   ❏ Exposição na livraria
   ❏ _____

7. De que maneira você se informa sobre os novos lançamentos da Nobel?
   ❏ Jornal/Revista
   ❏ Na própria livraria
   ❏ TV/Rádio
   ❏ Folheto/Mala direta
   ❏ Catálogo
   ❏ _____

8. Dados pessoais para cadastramento:
   Nome: _____
   Sexo: ❏ Masculino   ❏ Feminino
   Endereço: _____
   Cidade: _____ UF _____ CEP _____
   Fone: (____) _____ r. _____ FAX: _____ TELEX: _____
   Data de nascimento: ___/___/___ Profissão: _____

Você já está cadastrado para receber catálogos e folhetos da Livraria Nobel com as novidades em sua(s) área(s) de interesse.
Caso você não queira que seu nome seja utilizado para recebimento de material promocional, escreva comunicando seu pedido de exclusão - Livraria Nobel - Central Nobel de Atendimento ao Consumidor.
Rua Maria Antônia, 108 - São Paulo/SP - CEP 01222-010.

www.ingramcontent.com/pod-product-compliance
Lightning Source LLC
Chambersburg PA
CBHW032257150426
43195CB00008BA/486